Wüsten Australiens

15 *Great Sandy Desert*
(Große Sandwüste)

16 *Great Victoria Desert*
(Große Victoriawüste)

17 *Simpson*

18 *Nullarborebene*

Wüsten Amerikas

18 Great Basin Desert
19 Sonora
20 Chihuahua
21 Atacama
22 Peruanische Küstenwüsten

Wüste
An der Grenze des Lebens

Wüste

An der Grenze des Lebens

Michael Kohlhammer

KOSMOS

Inhalt

6–7 KURZ GEMELDET
Wissenswertes und Kurioses

8–13 WÜSTES WETTER
Geisterregen und Sandstürme

14–17 MENSCHEN IN DER WÜSTE
Nomaden: Familien unterwegs

18–21 SAHARA
Die Wüste aller Wüsten

22–25 OASEN
Wasser in der Wüste

26–29 KAMELE
Die Wüstenschiffe der Sandmeere

30–35 WÜSTENTIERE
Überlebenskünstler Tiere

36–37 WÜSTEN AUSTRALIENS
Dornteufel und Dino-Bäume

38–41   **WÜSTEN DER USA**
Wandernde Steine im Tal des Todes

42–43   **WÜSTEN ARABIENS**
Fortschritt und Tradition

44–45   **WÜSTEN ASIENS**
Steppen, Jurten, Maharadschas

46–47   **RALLYE PARIS – DAKAR**
Motorenlärm und Wüstenstille

48–53   **WÜSTENPFLANZEN**
Überlebenskünstler Pflanzen

54–57   **SALZSEEN**
Weltrekorde in der Todeszone

58–61   **KÜSTENWÜSTEN**
Heißer Sand am kalten Meer

62   **INDEX**

64   **AUTORENPORTRÄT, BILDNACHWEIS,
IMPRESSUM**

Wissenswertes und Kurioses

→ **Wie brüten Flughühner?**
Nun ja, wie Vögel hier auch, wird jeder denken. Eier müssen beim Brüten auf eine Temperatur angewärmt werden, die oberhalb der Temperatur der Außenwelt liegt. Flughühner brüten allerdings in Steinwüsten der Sahara, wo die Lufttemperatur knapp oberhalb des Bodens auf 40 Grad und die der Steine, auf der die Eier liegen, auf 55 Grad ansteigt. Die Eier vertragen aber nur eine Temperatur von höchstens 40 Grad. Also muss das Flughuhn seine Eier nicht »ausbrüten«, sondern kühlen. Mehr darüber im Kapitel → »Wüstentiere«.

REKORDWURZELN:
In der Wüste regnet es nur äußerst selten und dann oft auch nur in sehr begrenzten Gebieten. Wüstensträucher in den Wüsten Nordamerikas haben deshalb ein unglaublich verzweigtes Wurzelwerk herausgebildet, um möglichst viel Regenwasser aufsaugen zu können. Die Wurzeln einer einzigen Pflanze können dabei fast eine Fläche von der Größe eines Fußballfeldes bedecken. Das Wurzelnetz kann eine Gesamtlänge von etwa 600 Kilometern erreichen. Mehr über Überlebensstrategien von Wüstenpflanzen im Kapitel → »Wüstenpflanzen«.

DIE SAHARA
EINE SANDWÜSTE?

Wer sich die Sahara vorstellt oder sich an Bilder erinnert, die man von ihr gesehen hat, wird unweigerlich endlose Sanddünen bzw. Sandflächen vor sich sehen. Das entspricht aber keineswegs der Wirklichkeit. Noch nicht einmal ein Viertel der Sahara besteht aus Sand, der Rest aus Gebirgswüsten, steinigen Hochebenen, staubgefüllten Becken oder riesigen Kieswüsten. Dennoch: Einige dieser Sandwüsten sind größer als ganz Deutschland, Österreich und die Schweiz zusammen.

WÜSTENDÜNEN = SANDDÜNEN?
Natürlich ähneln viele Wüstendünen im Prinzip denen, die wir von Urlaubsstränden kennen, sind sie doch auch aus Sand von der Kraft des Windes geformt worden. Allerdings sind Höhe und vor allem Länge dieser Dünen schier unvorstellbar größer: Sogenannte Längsdünen in der Sahara werden über 500 Kilometer lang. Wer also an der Nordsee am Dünenanfang eine Dünenwanderung beginnt, kommt erst am Mainufer in Frankfurt ans Ende der Düne.

Mehr über die Sahara, Sandwüsten und -dünen findest du im Kapitel → »Sahara«.

DIE SCHWARZE
NACHT DER WÜSTE

Wer hat nicht schon von der plötzlich hereinbrechenden Dunkelheit und der schnell einsetzenden Kälte in der Wüste gelesen? Dabei wird leicht vergessen, dass es in der Wüste auch Vollmondnächte gibt. In solchen Nächten ist es in der Wüste so hell, dass man problemlos Zeitung lesen und 20 oder 30 Kilometer entfernte Gebirgszüge erkennen kann. Selbst mit Sonnenbrille kann man sich dann gut im Gelände orientieren. Wie kalt es in der Wüste werden kann, erfährst du im Kapitel → »Sahara«.

HOLZ TEURER ALS NAHRUNGSMITTEL?

In europäischen Augen ist das unvorstellbar: In der Wüste kann Holz aber wirklich teurer als Lebensmittel sein. Auf dem Markt und an den Ausfallstraßen in Agadez (Niger) wird Brennholz in einzelnen Holzscheiten angeboten. Denn was nützen Hirse oder gar Fleisch, wenn man sie nicht zum Verzehr erhitzen kann? Wie Menschen trotzdem in der Wüste leben und überleben können, erfährst du in den Kapiteln → »Menschen in der Wüste« und → »Sahara«.

VERSCHLEIERTE MÄNNER – UNVERSCHLEIERTE FRAUEN?

Ja, so ist es Sitte beim Nomadenvolk der Tuareg in der Sahara. Mehr über diesen geheimnisvollen Stamm und andere Nomaden der Wüste im Kapitel → »Menschen der Wüste«.

DIE MACHT DER SANDSTÜRME

Wenn Autos in einen tagelangen, mit Orkanstärke tobenden Sturm geraten, ist nach etwa 48 Stunden der gesamte Lack der Fahrzeuge vom Sand abgeschliffen worden und es ist nur noch das blanke Blech zu sehen. Die Windschutzscheiben sind so verkratzt, dass sie undurchsichtig werden und ersetzt bzw. herausgeschlagen werden müssen, um die Fahrt fortsetzen zu können. Die moderne Technik kennt diese Wirkung: Zur Reinigung von Oberflächen werden Sandstrahlgebläse eingesetzt. Mehr über Sand- und Staubstürme im Kapitel → »Wüstes Wetter«.

→ GEISTERREGEN

Dichte Regenschauer stürzen herab, aber sie erreichen dennoch nicht die dürstende Erde, sondern verdunsten in der besonders heißen Luftschicht, die sich über dem Boden gebildet hat. Bei solch hohen Temperaturen verdampft das Wasser. Diese heiße Luftschicht würde sich erst dann auflösen, wenn kurz danach ein zweiter oder gar weitere Regengüsse kämen. Die hätten dann tatsächlich die Chance, die Erde auch wirklich zu erreichen.

Der riesige Felsen wurde von der Hitze gesprengt (Thermosprengung).

Geisterregen

»Es kann vorkommen, dass man am Rande eines seit Jahrzehnten ausgetrockneten Flussbettes steht und in der Stille der Wüste ein fernes Brausen vernimmt. Dieses Brausen steigert sich in wenigen Minuten zu einem gurgelnden Donner, und man erblickt plötzlich eine zwei Meter hohe Wand aus quirlendem braunem Wasser, die aus einer Biegung des ausgetrockneten Flusslaufs herausschießt. Ehe man sich vom ersten Schrecken erholt hat, steht man am Ufer eines entfesselten Wildflusses, der sogar größere Felsbrocken mit sich führt. Diese seltenen, aber unwetterartig auftretenden Wolkenbrüche sind der Grund dafür, dass in der Wüste wahrscheinlich schon viel mehr Menschen ertrunken als verdurstet sind.« *Uwe George*

Ein ausgetrocknetes Flussbett heißt im Arabischen »Wadi«. Trockenflusstäler wie das im Tassilli N'Ajjer (Bild oben) sind in Feuchtphasen entstanden, in denen die Wüste zeitweise eine Savanne war – das letzte Mal allerdings vor 6 500 bis 4 500 Jahren vor heute. Manche Wadis (Bild unten) führen hin und wieder Wasser und behindern dann schon mal den Verkehr.

und Sandstürme

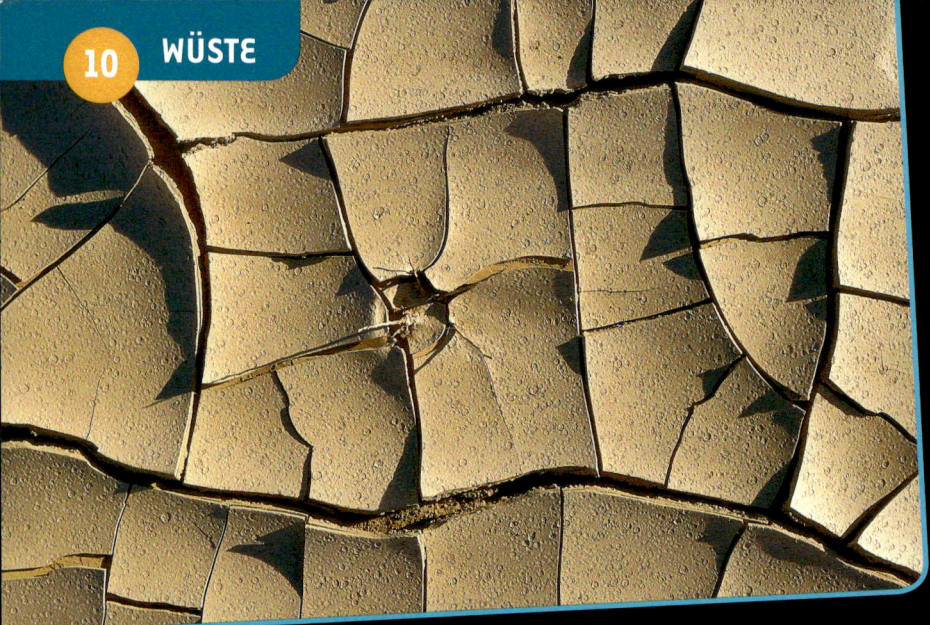

Eine der wichtigsten Regeln für Wüstenreisende: Nie das Lager in ausgetrockneten Flussläufen aufschlagen! Solche Unwetterflüsse erreichen übrigens nie das weit entfernte Meer – sie versickern lange vorher.

Die Entstehung von Wüsten, ihr Aussehen, das Leben in ihnen ist vom Wetter geprägt. In anderen Landschaften dieser Welt ist das nicht anders: Den Regenwald zum Beispiel gibt es, weil es in dieser Gegend sehr heiß ist und es gleichzeitig viel regnet – die Sonne brennt dort senkrecht vom Himmel herab, und es bilden sich viele Wolken, aus denen es immer wieder heftig regnet.

✴ WAS IST EIGENTLICH »WÜSTE«?

Wüsten gibt es dort, wo es keine Wolken gibt: ohne Wolken kein Regen; ohne Regen kein Wasser; ohne Wasser kein Wachstum von Pflanzen; ohne Pflanzen keine Nahrung für Tiere. Die wissenschaftliche Definition lautet: Eine Landschaft ist dann eine Wüste, wenn dort im Durchschnitt weniger als 250 Millimeter Niederschlag im Jahr fällt. Wobei »im Durchschnitt« heißt, dass dort durchaus einige Jahre hintereinander kein einziger Tropfen Regen fällt. In einigen Gebieten der Sahara hat es seit 20 Jahren nicht mehr geregnet, trotzdem sprechen die Meteorologen von einem Jahresdurchschnitt von 100 Millimetern. Das kommt daher, dass in der Wüste (aus einer »verirrten« Wolke) in wenigen Stunden die Regenmenge niedergehen kann, die in den Statistiken der Meteorologen, die über Jahrzehnte errechnet werden, dann doch zu einer durchschnittlichen Niederfallsmenge führen, die der Definition von Wüste genügen. Beispiel: In der Wüste X fällt in neun Jahren kein Regen, im 10. Jahr aber 500 Millimeter. Der Durchschnitt in 10 Jahren beträgt dann 500 durch 10 = 50 Milliliter.

Das Wüstenklima

SONNENENERGIE IN DER WÜSTE

TAG | NACHT

SONNENENERGIE IN MITTELEUROPA

TAG | NACHT

In der Wüste trifft die Energie der Sonnenstrahlen ungehindert den Wüstenboden. Nachts entweicht sie wieder in den Himmel. Bei uns wird die Sonnenenergie durch Pflanzen und Wolken abgeschwächt. Seen und Flüsse speichern sie und verdunsten zu Wolken. Nachts kann die Energie durch Pflanzen und Wolken nicht völlig entweichen (siehe Temperaturen Seite 11).

✳ TEMPERATUREN

In den Gebieten der Sahara, wo der Boden aus schwarzem Gestein besteht, wurden Rekordtemperaturen von bis zu 85 Grad gemessen – da kann man getrost Spiegeleier drauf braten (oder auf der Motorhaube eines dort stehenden Geländewagens). Das liegt daran, dass die Sonnenstrahlen fast ungehindert die Erde aufheizen. In anderen Teilen der Erde wird die Energie der Sonneneinstrahlung durch Luftfeuchtigkeit, Wolken oder Pflanzen abgeschwächt oder durch Flüsse und Seen angezogen. Bei uns in Mitteleuropa erreichen nur 30–40 % der Sonnenstrahlen, also noch nicht einmal die Hälfte, die Erde. Im dichten Urwald erreicht grade mal 1 % des Sonnenlichts den Boden! Die entsprechende Zahl für die Wüste beträgt etwa 95 %, also fast alle Sonnenstrahlen erreichen hier den Wüstenboden.

Und genau die Gründe, die dazu führen, dass es tagsüber so unerträglich heiß werden kann, sind auch für die eisig kalten Wüstennächte verantwortlich: Wegen der fehlenden Luftfeuchtigkeit und aufgrund des wolkenlosen Himmels werden 95 % der von den Sonnenstrahlen erzeugten Hitze wieder in den Himmel zurückgestrahlt. In der Sahara kann es nachts bis zu –10 Grad kalt werden, im Bergland sogar bis –20 Grad.

✳ TROCKENNEBEL

Das Gestein, aus dem die Wüsten bestehen, zerfällt nicht nur zu Sand, sondern auch in noch feinere, kleinere Teilchen: in Staub. Dieser Staub ist so leicht, dass er von erwärmten Luftströmen auch ohne Wind in die Luft emporgehoben werden kann. Die sich bildenden Staubwolken werden Trockennebel genannt, denn wie Nebelschwaden im Gebirge wehen sie dann, von ganz leichten Winden bewegt, über die Landschaft hinweg, manchmal über Tage und Wochen. Dabei sind sie so dicht, dass man nur noch wenige Meter weit sehen kann – eine große Gefahr für Menschen unterwegs, da sie keine Orientierungspunkte mehr sehen und sich rettungslos verirren können.

Das Zelt des Wüstenfotografen Michael Martin auf einer seiner Reisen durch die Sahara (Djado Palto, Niger). Durch die einstündige Belichtungszeit dreht sich die Erde, und die Sterne erscheinen als Lichtspuren. Die Landschaft wird vom Mond hell erleuchtet.

Nachbau der Real im Museo Maritim, Barcelona

→ AUSGETROCKNET

Gerät ein Mensch in einen Sandsturm, kann der Körper bis zu einem
Liter Wasser in der Stunde verlieren.

✳ STAUBSTÜRME

Während Trockennebel selbst bei Windstille entstehen können, kann es bei mittleren Windgeschwindigkeiten zu Staubstürmen kommen. Dabei wälzt sich eine Staubwolke – bis zu
drei Kilometer hoch und 20 Kilometer lang – über die Wüste.
Im Inneren dieser Wolke ist die Sicht gleich null, es ist also
so dunkel, als sei es plötzlich Nacht geworden. Menschen
müssen sich zum Schutz Mund und Nase mit nassen Tüchern
bedecken. Zum Glück dauern diese Stürme meist nicht allzu
lange, nach einer halben Stunde kann alles vorbei sein, und
die Sonne brennt wieder ungehindert zur Erde nieder.

✳ SANDSTÜRME

Bei Sturm entstehen in der Wüste gewaltige Sandstürme.
Sie können mehrere Tage andauern und riesige Gebiete
betreffen – bis zu etwa 6 Millionen Quadratkilometern, also
fast zwei Drittel der gesamten Sahara. Die Sandwolke wird
mit selten mehr als zwei Metern bei Weitem nicht so hoch
wie die Staubwolke bei Staubstürmen. Innerhalb dieser
Sandstürme kann es sehr heiß werden, und die Luftfeuchtigkeit ist dort sehr gering. Das führt dazu, dass der Körper
eines Menschen, der in einen solchen Sandsturm gerät, sehr
viel Flüssigkeit verlieren kann, bis zu einem Liter in der
Stunde. Wer hier nicht genügend Wasserreserven dabeihat,
ist schnell verdurstet. Die Leichen von Wüstenreisenden, die
auf diese Weise gestorben sind, wurden später sozusagen als
Mumien gefunden: Ihre Körper waren völlig ausgetrocknet.

Wie Wüste beginnt

*Bäume fällen für die Weltmacht: Man schreibt das Jahr 1571.
Die Türken haben das christliche Konstantinopel (heute: Istanbul)
erobert und den Venezianern die Inseln Rhodos und Zypern wegge-
nommen. Venedig fürchtet um seine Vorherrschaft im Mittelmeer.
Und wer das Mittelmeer mit einer starken Flotte beherrscht, wird
auch in der Lage sein, die Seewege zu den neu entdeckten Ländern
dieser Erde in Asien und Amerika zu kontrollieren.*

*Venedig sucht und findet Verbündete im Papst und in Spanien,
die sogenannte »Heilige Liga« wird gegründet. Die Fronten sind
klar: eine Flotte unter der Flagge des christlichen Kreuzes hier,
eine Flotte unter der mohammedanischen Flagge des Halbmondes
dort. Am 7. Oktober findet die entscheidende Seeschlacht von Le-
panto in der griechischen Bucht von Patras statt. Fast 600 Schiffe
mit über 200 000 Mann Besatzung sind daran beteiligt.*

*Um all diese Schiffe bauen zu können, musste die unvorstellbare
Zahl von mindestens 250 000 Bäumen gefällt werden. Für das
Schiff des christlichen Oberbefehlshabers, die »Real«, sah die
Rechnung wie folgt aus:*

→ 50 Buchen für die Ruder
→ 300 Eichen für den Schiffsrumpf
→ 300 Kiefern und Tannen für die Spanten und Planken

*Sieger der entsetzlichen Schlacht, in der mehr als 33 000 Men-
schen getötet wurden, war die »Heilige Liga«, Verlierer waren
die Türken, die in Zukunft ihr Herrschaftsgebiet auf dem Lande
auszudehnen versuchten, nicht mehr auf dem Wasser.*

*Der Bau von riesigen Flotten trug stark zur Entwaldung des
Mittelmeerraumes bei. Längst schon vorbei waren die Zeiten, als
man, wie der Biologe Pierre Bertaux schrieb, »im Schatten der
Bäume von Kairo nach Marrakesch wandern« konnte, also einmal
quer durch die Sahara.*

→ **»SANDTRANSPORTER«**

Einige Sandstürme transportieren bis zu 100 Millionen Tonnen Sand über zum Teil sehr große Entfernungen.

Ein Staubwind wälzt sich mit einer Geschwindigkeit von 100 km/h über die Wüste.

Die Küste von Marokko heute. Vor einigen hundert Jahren war diese Küste noch komplett bewaldet.

✳ MENSCHEN MACHEN WÜSTEN

Aber nicht nur das Wetter führt dazu, dass es Wüsten gibt: Die Menschen haben in vielfältiger Weise dazu beigetragen, dass immer größere Gebiete unserer Erde zu Wüsten geworden sind. Wo früher Wälder und Wiesen waren, ist der Boden heute unfruchtbar. Vor allem das Abholzen der Wälder hat dazu geführt, dass viele Landschaften zu Wüsten wurden. Schon immer sorgten die Menschen durch Rodung (Abholzen) der Wälder dafür, dass nach und nach mehr freie Felder entstanden, auf denen sie Ackerbau und Viehzucht betreiben konnten. Später dann, als die großen Handels- und Kriegsschiffe aus Holz gebaut wurden, mussten Wälder für den Handel und für Kriege gefällt werden.

Heute, da viele Wissenschaftler glauben, dass sich das Wetter auf unserem Globus in den nächsten Jahrzehnten sehr ändern wird (»Globale Erwärmung«, »Klimakatastrophe«), wächst die Ausdehnung der Wüsten Jahr um Jahr. Die nächsten Jahre werden zeigen, wie weitgehend diese Veränderungen des Wetters wirklich sind und welche Auswirkungen sie auf das Leben auf unserem Planeten Erde haben werden.

Großes Bild: Im Süden Mauretaniens flieht ein Mädchen vor dem täglich wiederkehrenden Sandwind.

Nomaden:
Familien

Das Morgenlicht fällt durch die Wände eines Hauses in der Ortschaft Wade, während zwei Frauen Brot über dem offenen Feuer backen. Wade gehört zur Wüste Danakil im Nordosten Afrikas. Teile der Danakil liegen 120 Meter unter dem Meeresspiegel. Sie zählt zu den heißesten und unwirtlichsten Regionen der Erde.

→ **EIN SPRICHWORT DER TUAREG**

»Gott hat ein Land voller Wasser geschaffen, damit die Menschen leben können, und ein Land ohne Wasser, damit die Menschen Durst spüren. Dazu hat Gott die Wüste geschaffen: ein Land mit und ohne Wasser, damit die Menschen ihre Seele finden.«

unterwegs

Ahmid, 15 Jahre, Stamm der Tuareg

Eine Nomadenschule im Iran. In den unteren Klassen werden Jungen und Mädchen noch gemeinsam unterrichtet.

»Mein Leben macht mir Spaß. Ich kümmere mich gern um die Kamele. Ich würde gern ausprobieren, ob Autofahren anders ist, als wenn man auf einem Kamel reitet. Ich weiß nicht viel von der Welt. Die Welt ist für mich da, wo ich bin.«

Himba-Frau vor ihrer Hütte

Mit sechs Jahren war ich dafür verantwortlich, die Herden mit sechzig, siebzig Schafen und Ziegen in die Steppe zu treiben ... Man musste in aller Frühe aufstehen, um einen guten Platz mit frischem Wasser und ausreichend Gras zu finden. Während die Tiere grasten, passte ich auf, dass die Raubtiere nicht zu nahe kamen. (Nomadenmädchen, Afrika)

Ob ein Himba der Namib Südwestafrikas, ein Tuareg der Sahara Nordafrikas, ein Rajasthani der Thar in Indien, ein Mongole der Gobi in Asien: Sie alle wurden zu Nomaden, weil der Boden, auf dem sie leben, nicht ausreichend fruchtbar ist, um dort sesshaft zu werden und Vieh zu züchten oder etwas anzubauen. Und wo gewandert wird, sind die Kinder oft mit dabei – ohne große Chancen, eine vernünftige Schule zu besuchen, aber mit der Aufgabe, schon früh Verantwortung zu übernehmen – sei es als Holzsammler, um ein Essen machen zu können, oder sei es, um auf die Herden aufzupassen. Es gibt Nomaden, die sich zu diesem Leben, weil sie anders nicht überleben könnten, gezwungen fühlen, und es gibt Nomaden, die dieses Leben lieben und nicht aufgeben wollen.

Eine Bororo-Frau mit Rinderherde

✳ TUAREG – KÖNIGE DER WÜSTE

Sie sind eines der berühmtesten Nomadenvölker unserer Erde – die Tuareg. Das Blaue Volk, so genannt, weil sie sich ihre Kleidung blau färben, lebt in der Sahelzone, wo vor

Ein rajasthanischer Nomade aus Indien

Kinder in einer Schule im Bahr el Gazhal. Ihre Schule ist die einzige in diesem mehrere hundert Kilometer langen Trockenflusstal im Norden des Tschad.

Zwei Kinder des Nomadenstammes der San am Feuer. Die San sind mittlerweile aus ihren angestammten Gebieten in der Kalahari von Farmen, Großgrundbesitzern und Diamantminengesellschaften vertrieben worden.

allem nomadisch Viehzucht betrieben wird, und in der Saha-ra, wo sie heute noch auf den Verdienst als Karawanenführer angewiesen sind.

Als Nomaden kennen die Tuareg auch keine Hauptstadt – Tuaregzentren sind Agadez im Niger sowie Djanet und Ta-manrasset in Algerien. Hier leben auch sesshaft gewordene Tuareg. Zwar sind die Tuareg mehrheitlich Muslime, aber nicht die Frauen tragen bei ihnen einen Gesichtsschleier, sondern die Männer. Eine Tuareg-Frau wird übrigens als Targuia bezeichnet, ein Mann als Targui. Sie selbst bezeich-nen sich überhaupt nicht als Tuareg, sondern als ➜ Kel Tamasheq (also als: »Tamasheq-Sprecher«, so der Name ihrer Sprache) oder ➜ Kel Tagelmust (»die Schleiermänner«) oder ➜ Imuhaq (»die Freien«).

Die Tuareg mussten oft in den unterschiedlichen Staaten, in denen sie lebten, für ihre Unabhängigkeit kämpfen. Lange Kämpfe lieferten sie sich mit den Franzosen, als diese Nord-afrika besetzten. Später gab es Aufstände der Tuareg in Mali und Niger. Im Frühjahr 2007 begannen Auseinandersetzungen der Tuareg mit der Armee im gesamten Norden des Niger, ins-besondere im Gebiet des Aïr-Gebirges. Sie dauern bis heute an.

Ein mongolischer Hirtenjunge treibt die Pferdeherde seiner Familie zusammen.

Ein Herero-Junge aus Namibia

Eine Pilgerin in Tibet

Die Wüste aller

Frierend hocken die Menschen am nächsten Morgen kurz nach Sonnenaufgang etwa um sechs Uhr um die kleinen Feuer. Man hat stets mit dem Holz sparsam umzugehen, denn in Bilma findet man ja weder Futter für die Tiere noch Brennholz. Erst gegen neun wärmen die Sonnenstrahlen wieder spürbar. In den Wintermonaten wird in der Sahara mehr gefroren als unter der Hitze gelitten.

→ **HORIZONTE OHNE GRENZEN**

»... und dann dieser ganz eigene Geschmack der Freiheit, des einfachen Lebens, diese bestimmte Faszination des Horizonts ohne Grenzen, des Wegs ohne Zurück, der Nächte unter freiem Himmel, des Lebens mit dem strikt Notwendigen, die sich mit Worten nicht beschreiben lässt.« *Théodore Monod*

Diese Felsen im Norden des Tschad erinnern an Pilze. Der Wind, der ungehindert um die Felsen blasen kann, enthält Feinmaterial, mit dem er das Gestein wie ein Sandstrahlgebläse schleift. Am Boden wirkt diese Abschleifung am stärksten.

Die Ängste vor der unfassbaren Weite der Wüste sind nur eine Seite menschlicher Empfindungen. Die andere Seite ist das Empfinden grenzenloser Freiheit und Ungebundenheit. Ein französischer Saharaforscher hat einmal gesagt: »Die Wüste ist wahrscheinlich die am meisten geliebte Landschaft unserer Erde.« *Uwe George*

Wüsten

Dreihundert zentnerschwere Lasten müssen wieder auf hundertfünfzig Kamelrücken verladen werden. Eine harte Arbeit, die fast zwei Stunden dauert, heute genauso wie gestern und vorgestern und an all den vergangenen Tagen seit dem Aufbruch. Und jedes Mal gibt es einen Kampf mit den Tieren, die sich brüllend, die Zähne fletschend, um sich beißend und aufbegehrend, wehren. Ein wilder Lärm Morgen für Morgen. Man hat es plötzlich eilig, denn sobald die ersten Tiere beladen sind und stehen, sollte man sie nicht zu lange warten lassen. Stricke reißen und werden geflickt, der Hausrat wird zusammengesucht und obendrauf gebunden. Und dann, wenn alle Tiere beladen und stets etwa zehn bis zwölf zu einer Kette hintereinandergebunden und aneinandergehängt sind, beginnt wieder der schweigsame Marsch durch die Wüste.

René Gardi »Sahara«

Eine Karawane auf dem Weg zur Oase Fachi, wo sie ihre Salzvorräte auffüllt, um danach wieder den 15-tägigen Rückweg in Richtung Agadez anzutreten.

Links: Auf dem Markt von Agadez werden die typischen Tuareg-Betten aus Calotropis-Holz angeboten.

Oben: Dieses Nomadenlager liegt 60 km südwestlich von Agadez. Am Rande der Sahelzone weiden sie hier eine große Ziegenherde.

Rechts: Eine Tubu-Frau mit ihrem Kind bei Dirkou im Nordosten der Republik Niger.

Verschiedene Gesichter der Sahara:
1 *weiße Kalksteine und Felsformationen in Ägypten,* **2** *die blauen Felsen im Sandmeer der Ténéré, Niger und* **3** *von Muschelschalen überzogene Sanddünen am Atlantik in Mauretanien.* **4** *Felsformationen in Tagrera im Tassili du Hoggar.*

Von der Straße Arlit-Agadez im Niger zweigt das Wadi Dabous ab. Hier existieren auf engstem Raum 828 steinzeitliche Felsfiguren. Diese lebensgroße Gravur einer Giraffe, die ca. 9 000 bis 6 000 v. Chr. entstanden ist, beweist, dass die Sahara einst fruchtbares, grünes Land war.

Noch heute ziehen sie durch die Sahara, die großen Kamelkarawanen, zum Beispiel auf der alten »Salzstraße« von Bilma nach Agadez im Niger. Aber es sind weniger geworden, immer mehr Menschen werden sesshaft. Noch vor wenigen Jahren sprach man davon, dass 40 % der Bevölkerung der Sahara Nomaden oder Halbnomaden seien, die Zahl stimmt wohl heute nicht mehr. Dennoch: Noch immer ziehen hunderttausende von Nomaden durch die Sahara, und die meisten von ihnen sind Tuareg.

✳ FAKTEN

→ Die Sahara ist die größte Wüste unserer Erde – in etwa so groß wie die ganze USA (und 26-mal so groß wie Deutschland). In Zahlen ausgedrückt: ca. 5 000 (vom Atlantik bis zum Roten Meer) mal 2 000 Kilometer (vom Mittelmeer bis zur Sahelzone).

→ Die Wirkung der Sahara aber geht noch viel weiter: Saharastaub wird bisweilen bis Schweden oder Südamerika geweht.

Nur 20 % der Sahara sind Sandwüsten.

→ Die Sahara gehört, ganz oder teilweise, zum Gebiet von nicht weniger als 11 Staaten: Ägypten, Libyen, Mali, Niger, Tschad, Sudan, Mauretanien, Marokko, Tunesien, Algerien, West-Sahara.

→ Der Staat West-Sahara (manchmal auch schlicht »Sahara« genannt, offiziell »Demokratisch-arabische Republik Sahara«) existiert aber praktisch nicht, da er von Marokko besetzt ist und auch nur von wenigen, meist afrikanischen Staaten anerkannt wird.

→ Die Sahara besteht überwiegend aus Stein- oder Felswüsten (Hammada) oder Geröll- und Kieswüsten (Serir), aber nur zu 20 % aus Sandwüsten (Erg).

→ Sahrá ist das arabische Wort für »Wüste«, wer also von der Wüste Sahara spricht, sagt damit eigentlich die »Wüste Wüste«. Um die Sahara genauer zu bezeichnen, gibt es die arabischen Worte bahr bélá má (Meer ohne Wasser) oder as-sahrá al-kubrá (die sehr große Wüste).

→ Die Temperaturunterschiede im Sommer sind enorm – über 50 Grad zwischen Tag (45 Grad, kann aber auch viel höher liegen) und Nacht (bis −10 Grad, in den Bergen, die bis zu 3 415 Meter hoch sein können, auch −20 Grad).

Der Schmied Ahmed Moussa in Tabalak, Niger, arbeitet mit einem typischen Tuareg-Amboss.

Bis in den letzten Winkel ist der Laster mit Erdnüssen, Menschen und Reisegepäck beladen. Für die Reise vom Süden des Tschad bis nach Libyen (ca. 2 000 km) benötigt er mindestens 2 Wochen.

In Agadez gibt es ein großes Angebot an Kalebassen (Schalen aus Wasserkürbissen), die als Schüsseln verwendet werden.

Wasser

Was passiert, wenn man einen Menschen unbekleidet einen ganzen Tag lang ohne Wasser in einer schattenlosen Wüste alleine lässt? Dieser Mensch ist am Abend tot, unweigerlich. Bis Einbruch der Nacht hat er nämlich sieben bis acht Liter Wasser verloren, so ist sein Blut dickflüssig geworden, die Körpertemperatur ist auf über 42 Grad angestiegen: Tod durch hohes Fieber und Kreislaufversagen. Ohne Wasser hat der Mensch in der Wüste keine Überlebenschance.

Das Badan-Jiin-Kloster liegt verlassen an einem der über 100 Seen der Alashan-Wüste in China.

Der Schädel eines verendeten Kamels

Es ist nicht so, dass der Tourist die Warnungen nicht beachtet hätte: »Fahr nie alleine in die Wüste! Da gibt es Führer, denen man sich anvertrauen kann. Und vergiss nie, genügend Wasser mitzunehmen!« Aber er wollte die Wüste bei seiner ersten Reise ganz für sich haben und war früh am Morgen alleine aufgebrochen. Wasser hatte er für diesen Tagestrip genügend dabei. Aber dann, am Nachmittag, hatte er diese Panne mit dem Geländewagen und konnte den Fehler nicht alleine beheben. Und er wusste nicht mehr genau, wo er war. Aber vor ein paar Minuten noch hatte er eine Oase gesehen, in diese Richtung machte er sich nun zu Fuß auf. Oase, das bedeutet: Wasser. Und Wasser bedeutet: Leben. Aber er fand die Oase nie, konnte sie gar nicht finden. Es gab sie gar nicht. Was er gesehen hatte, war eine Fata Morgana.

(siehe nächste Doppelseite)

in der Wüste

Die Super-Oase

Die Quellen machten den Ort in der Wüste zu einem wichtigen Rastplatz für die Wagentrecks auf ihrem Weg nach Westen, nach Kalifornien. Später gab es dort eine Eisenbahnstation, und der Ort begann unaufhaltsam zu wachsen. Fünfzig weitere Jahre später, im Jahre 1905, wurde dann die Stadt offiziell gegründet. In den letzten 15 Jahren hat sich ihre Einwohnerzahl auf über eine halbe Million Menschen verdoppelt. Die Stadt ist berühmt für ihre Spielkasinos und ihre protzigen Hotels; eines davon heißt »Hotel Sahara«. Durchschnittlich verbrauchen ihre Einwohner 700 Liter Wasser am Tag, dafür reichen die Quellen schon lange nicht mehr aus, das Wasser kommt seit 1935 vom Hoover-Stausee. 39 Millionen Touristen besuchen jährlich diese »Oase«: Las Vegas.

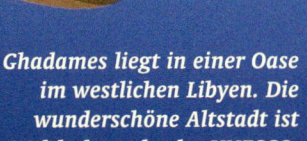

Ghadames liegt in einer Oase im westlichen Libyen. Die wunderschöne Altstadt ist Weltkulturerbe der UNESCO.

✳ WO WASSER IST, IST LEBEN

Es gibt Pflanzen, die können große Mengen Wasser speichern, zum Beispiel Kakteen. Auch Tiere, etwa Kamele, haben diese Fähigkeit entwickelt. Sie schaffen es, eine lange Zeit in der Wüste zu überleben, ohne etwas zu trinken. Der Mensch kann das nicht. Ausreichendes Trinken ist für ihn in der Wüste unabdingbare Voraussetzung, um in dieser für ihn feindlichen Umwelt überleben zu können.

Wo aber findet der Mensch zuverlässig jeden Tag Wasser in der Wüste? Diese Orte sind selten, aber es gibt sie: Außer vereinzelt mitten in der Wüste gegrabenen Brunnen oder natürlichen Wasserstellen sind das vor allem die Oasen. Das Wasser dort ermöglicht die Ansiedlung vieler Menschen und so die Entstehung von Dörfern und Städten.

✳ WOHER KOMMT DAS WASSER DER OASEN?

→ **Flussoasen:** Flüsse, die das ganze Jahr über Wasser führen, sind in Wüsten selten. In Nordafrika finden sich solche Oasen vor allem im Süden des Staates Marokko. Oft wird das Wasser mit Dämmen zusätzlich angestaut.

→ **Grundwasseroasen:** Hier wird auf ganz unterschiedliche Arten das Wasser aus der Tiefe der Erde genutzt.

• **unterirdische Wasseradern:** Ziehbrunnen werden gegraben und das Wasser zur Erdoberfläche befördert, heute vor allem mit elektrischen Pumpen.

• **Quellen:** Große Oasen wie etwa Nafta und Tozeur im Süden Tunesiens bekommen ihr Wasser von vielen sprudelnden Quellen.

• **artesische Brunnen:** Hier hat sich immer mehr Wasser über undurchlässigen Gesteinsschichten gesammelt, dadurch ist ein Druck entstanden, und das Wasser schießt nach oben, entweder auf natürlichem Wege oder, wie heute üblich, über Bohrungen bis tief in die Erde.

• **Foggara:** Grundwasser in Bergen wird über gegrabene Stollen angezapft und dann in bis zu 15 Kilometer entfernte, tiefer gelegene Oasen geleitet. Das klingt kompliziert, wird von den Wüstenbewohnern aber seit tausenden von Jahren mit Erfolg gemacht.

→ **AUFGEGEBEN: DIE LIBYSCHE OASE**

Woher aber auch das Wasser der Oasen kommt — wenn das Wasser immer weniger wird, muss die Oase früher oder später aufgegeben werden. Einige Oasen in Libyen wurden aufgrund ihrer einsamen Lage und des Fehlens jeglicher Infrastruktur 1990 verlassen.

Ein Junge tränkt seine Rinder am Brunnen.

Diese Flussoase liegt im Hohen Atlas, der im Süden Marokkos aufragt. Die Flüsse des Hohen Atlas bringen einmal im Jahr, zur Schneeschmelze, Wasser in die Oasen im Südosten des Landes.

Sind Menschen unfähig?

Warum konnten sich bestimmte Pflanzen- und Tierarten so hervorragend an die Wüste anpassen, nicht aber die Menschen? Der Grund ist einfach der, dass es Millionen von Jahren dauert, bis sich eine Art »umgestellt« und zum Beispiel an die Wüste angepasst hat. Verglichen mit den Tieren und erst recht mit den Pflanzen ist der Mensch aber erst seit Kurzem zu Besuch auf dieser Erde: Einige Tiergruppen leben hier bereits seit mehreren hundert Millionen Jahren, vor ihnen waren schon die Pflanzen da, den Menschen gibt es »erst« seit 2,5 Millionen Jahren. Wie schaffen es Menschen dann, in der Wüste zu überleben? Weil sie den Pflanzen und Tieren doch etwas voraushaben: Sie sind intelligent, sie können zum Beispiel von Pflanzen und Tieren lernen. Und sie können sozusagen ihren Lebensraum mit sich herumtragen: Werkzeuge, Zelte, Hausrat ...

Angebaut werden in Oasen außer Dattelpalmen vor allem Getreide (Gerste, Hirse, Weizen) und manchmal auch Obst (Orangen und Pfirsiche). Da der Boden, der für landwirtschaftliche Nutzung herangezogen werden kann, knapp und kostbar ist, liegen die Häuser der Menschen immer außerhalb in unfruchtbaren Gebieten.

✳ PALMEN – REICHTUM DER OASEN

Wer an Oasen denkt, sieht Dattelpalmen vor sich. Palmen müssen an das Leben in der Wüste also hervorragend angepasst sein. Das stimmt, wenn man weiß, dass Palmen trockene Luft und viel Sonne brauchen sowie kalte Nächte gut aushalten. Das stimmt aber nicht, wenn man sich den Wasserbedarf einer Dattelpalme anschaut: Sie verbraucht in drei Minuten einen Liter Wasser. So viel geben aber Oasen nur ganz selten her, also muss der Mensch die Palmen künstlich bewässern. In guten Gegenden liefert eine Palme jährlich bis zu 120 Kilogramm Datteln, in ungünstigen nur 10 bis 15 Kilogramm. Aber auch die alten Bäume, die keine Datteln mehr hervorbringen, sind noch von großem Nutzen. Jedes Teil des Baumes wird verwendet: → Stämme werden zu Bauholz. → Palmwedel werden für Zäune und zur Bedachung von Hütten genutzt. → Aus den Fasern der Wedel werden Besen oder Körbe geflochten. → Der Bast (äußere Fasern) des Stammes wird für Stricke und Polster für Kamele verwendet. → alle sonst nicht brauchbare Holzteile werden zum Feuermachen gebraucht.

Fata Morgana:

Wenn die Natur zaubert

Das Auftreten einer Fata Morgana hat Menschen immer wieder fasziniert. Mitten in der Wüste sieht man einen See, dessen Oberfläche sich leicht im Winde kräuselt. Wer diesen See erreichen will, kommt nie an sein Ufer: Die blaue Fläche ist nichts anderes als der Himmel, der sich in der vor Hitze wabernden Luftschicht dicht über der heißen Erde spiegelt. Fata Morganas gibt es in vielen anderen Gegenden der Erde, zum Beispiel über der Straße von Messina (zwischen dem italienischen Festland und der Insel Sizilien). Der Name kommt übrigens ursprünglich aus dem Italienischen und bedeutet übersetzt »Fee Morgana«. Morgana oder Morgane ist eine alte Sagengestalt, die bis auf die Kelten (Volk aus den Frühzeiten Irlands) zurückgeht.

Dattelpalmen

Die

→ **KAMEL ODER DROMEDAR?**

Richtig: die mit den zwei Höckern heißen Kamele, die mit nur einem Höcker heißen Dromedare. Wenn man es also ganz genau nehmen will, dann gibt es Kamele vor allem in Asien, die Kamelkarawanen der Sahara dagegen sind eigentlich Dromedarkarawanen.

Aber muss man es so genau nehmen? Kamele wie Dromedare gehören zur gleichen Tierfamilie, zur Familie der Kamelartigen. Ein Schäferhund und ein Pudel sind nun wirklich sehr unterschiedlich, aber es sind vor allem einmal beides – Hunde. Und deshalb ist auch ein Dromedar – ein Kamel.

Eine Tuareg-Karawane bei Agamgam am Ostrand des Aïr-Gebirges

Wüstenschiffe
der Sandmeere

»Das Schauspiel, das sich mir bot, war einzigartig. Ich stand unter einem
strahlend blauen Himmel und blickte auf die Oberfläche eines unendlich
erscheinenden Sandmeeres, das mit hoher Geschwindigkeit dahinfloss.
Die Kuppe der Anhöhe, auf der ich stand, bildete eine Insel inmitten des
goldgelben wallenden Sandmeeres. In einiger Entfernung waren
andere Kuppen, andere »Inseln« zu erkennen ...

… Das Eigentümlichste an dem Erlebnis waren jedoch mehrere Kamelköpfe und -höcker, die auf der Oberfläche des Sandes dahinzutreiben schienen. Sie erinnerten mich an Enten, die sich von der Strömung eines Flusses treiben lassen. Die Kamelköpfe und -höcker, die die Obergrenze des Sandsturmes überragten, bewegten sich in der gleichen Richtung wie der treibende Sand, nur wesentlich langsamer.« So beschreibt der Naturforscher Uwe George einen Sandsturm in der Nähe der Oase In Salah in Algerien in Nordafrika. Diese Beobachtung ist einer der vielen Beweise dafür, wie perfekt sich das Kamel an ein Leben in der Wüste angepasst hat: Der Wüstensturm türmt den Sand immer bis auf eine Höhe von ziemlich genau zwei Metern auf – exakt über diese Höhe können Kamele ihre Köpfe heben. So haben sie, mitten in einem Sandsturm, immer die Nase frei und können ungehindert atmen.

Ohne die besonderen Fähigkeiten des Kamels wären die großen, mehrwöchigen Karawanen über hunderte von Kilometern gar nicht möglich. Aber auch ein Kamel ist nur bis zu einer gewissen Grenze belastbar. Wird es von seinem Führer überfordert, legt es sich zum Sterben hin und ist durch nichts mehr dazu zu bringen, wieder aufzustehen.

✳ KARAWANE

Die großen Kamelkarawanen, die manchmal mit über 1 000 Tieren über die alten Karawanenstraßen wie zum Beispiel die Weihrauchstraße zogen, gehören heute eher der Vergangenheit an. Ursprünglich waren Karawanen nichts anderes als Reisegesellschaften von Händlern. Zum gegenseitigen Schutz, zum Beispiel vor Räubern, schlossen sie sich zu Karawanen zusammen. Die wichtigsten dieser Karawanenwege gab es in Mittelasien, Arabien und Nordafrika. Auch heute noch ziehen Salzkarawanen von Bilma in der Republik Niger durch die Sahara. Es gab und gibt aber nicht nur Handelskarawanen, sondern auch Pilgerkarawanen. Hier schließen sich die Gläubigen zu Reisen in die heiligen Stätten des Islam zusammen, zum Beispiel zu den Pilgerkarawanen von Kairo nach Mekka.

Elegant vermeiden die Kamele die spitzen Dornen der Akazie, um an die saftigen Blätter zu gelangen.

Die Weihrauchstraße

Weihrauch ist eine Art Gummiharz, das die Menschen Arabiens schon seit tausenden von Jahren aus dem Weihrauchbaum gewinnen. Verbrennt man dieses Harz, entsteht ein sehr starker Duft. Den Gebrauch von Weihrauch bei religiösen Feiern kennt auch die katholische Kirche. Der Weihrauch wurde im Süden Arabiens gewonnen und mit Karawanen auf der sogenannten Weihrauchstraße nach Norden bis zum Mittelmeer gebracht.

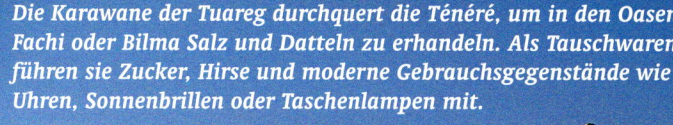

Die Karawane der Tuareg durchquert die Ténéré, um in den Oasen Fachi oder Bilma Salz und Datteln zu erhandeln. Als Tauschwaren führen sie Zucker, Hirse und moderne Gebrauchsgegenstände wie Uhren, Sonnenbrillen oder Taschenlampen mit.

Kamel-Rekorde

200 KG

→ Sie können mehrere Wochen lang bis zu 200 Kilogramm Lasten täglich 30 bis 40 Kilometer weit tragen.

→ Speziell ausgewählte und ernährte Reitkamele (Meharis) können am Tag 60 bis 70 Kilometer zurücklegen.

| 10 KM | 20 KM | 30 KM | 40 KM | 50 KM | 60 KM | 70 KM |

→ Bei guter Weide mit saftigen Kräutern brauchen Kamele über Wochen hinaus überhaupt kein Wasser.

→ Kamele halten es auch in der Gluthitze der Wüste fünf bis sieben Tage aus, ohne etwas zu trinken.

→ Kamele können einen Wasserverlust von mehr als einem Viertel ihres Körpergewichtes überleben und dann 120 Liter auf einen Schlag trinken. Auf den Körper eines etwa 100 Kilogramm schweren Menschen umgerechnet, bedeutet das: Gewichtsverlust von über 25 Kilogramm und Trinken von 17 Literflaschen Wasser hintereinander.

Mehrere hundert Kamele werden täglich in die Schlucht von Archei im Ennedi-Gebirge zum Tränken getrieben.

Was für ein herzzerreißender Anblick! Voller Mitleid blicken die Reisenden in der Kieswüste auf den Vogel, der offensichtlich verletzt ist: Einer seiner Flügel hängt verdreht vom Körper ab. Ob man helfen kann, vielleicht den Flügel schienen? Vorsichtig nähern sich die Menschen dem Flughuhn, aber der Vogel scheint sehr scheu zu sein und hüpft immer wieder davon. ↗

Skorpione sind gefährlich: Ein Stich kann beim Mensch zu schweren Gesundheitsproblemen führen. Skorpione sind auch sehr widerstandsfähig, sie halten hohe Temperaturen aus und können ein Jahr ohne Nahrung überleben.

Überlebenskünstler

Dabei stößt er klagende, mitleiderregende Rufe aus. Doch dann scheinen die Menschen den Vogel packen zu können — aber da erhebt er sich auf einmal in die Luft und fliegt davon. Eine plötzliche Wunderheilung?

Keineswegs, das Flughuhn hat einen Trick angewendet, um die Menschen von seinem Nest wegzulocken und so seinen Nachwuchs zu schützen. Eine bewundernswerte schauspielerische Leistung!

✳ EIN GAR NICHT VERRÜCKTES HUHN

Flughühner sind nicht nur gute Schauspieler, sie haben noch eine ganze Reihe weiterer erstaunlicher Überlebensstrategien entwickelt:

→ Wenn ein Schwarm mit Fressen beschäftigt ist, kreist ein Huhn als »Wächtervogel« über ihm und warnt mit einem ganz bestimmten Ruf sofort, wenn zum Beispiel ein Falke in der Nähe ist. Die Tiere verstecken sich dann auf der Stelle und vertrauen auf ihre gute Tarnung.

→ In den Steinwüsten, in denen Flughühner brüten, wird es aber für die Eier zu heiß. Deshalb muss das Gelege gekühlt werden. Das Wasser holt das Männchen von der nächsten Wasserstelle und transportiert es in seinem Brust- und Bauchgefieder, das sich wie ein Schwamm vollsaugen kann.

→ Sie legen ihre Eier immer in die Nähe von Ansammlungen mehrerer großer Steine, damit sie beim Brüten nicht von den sehr flach über dem Boden jagenden Falken gesehen werden können. Von oben aus der Luft können sie nämlich wegen ihrer hervorragenden Tarnung auch von Falkenaugen nicht erkannt werden.

Tiere

AB IN DIE TIEFKÜHLTRUHE

Die typische Landschaftsformation Nordamerikas führt dazu, dass eisige Nordwinde bis weit nach Süden vordringen können. Der Grund ist, dass alle Gebirgszüge von Nord nach Süd verlaufen. Deshalb kann es in New York viel kälter werden und mehr und öfter schneien als in dem durch die Alpen geschützten Neapel – beide Städte liegen etwa gleich weit vom Nordpol entfernt. Und so können Schneestürme und Eiseskälte bis weit in die Wüsten Nordamerikas vordringen und zu Temperaturen in der im Sommer brütend heißen Wüste von –55 Grad führen. Die Poorwill-Nachtschwalbe reagiert auf diesen plötzlichen Kälteeinbruch buchstäblich eiskalt: Sie fällt sofort in Winterschlaf. Findet man sie auf einem Felsvorsprung und nimmt sie mit ins warme Zuhause, taut sie wieder auf und flattert davon.

POORWILL-NACHTSCHWALBE

FLIEGEN ODER LAUFEN?

Vögel haben den großen Vorteil, sich jeweils dort in der Wüste niederlassen zu können, wo sie die besten Lebenschancen vermuten: Sie fliegen einfach dorthin. Aber fliegen kostet mehr Kraft als laufen. Deshalb fliegen viele Vögel in der Wüste kaum noch, sobald sie ihren Platz gefunden und mit Brut und Jungenaufzucht begonnen haben. Besonders flinke und elegante Läufer sind, die Namen verraten es schon, der Rennvogel der Sahara und der Rennkuckuck (»road runner«) der amerikanischen Wüsten, der eine Spitzengeschwindigkeit von 40 km/h erreicht.

RENNVOGEL

FELSENTAUBE

ABTAUCHEN ZUM BRÜTEN

Bei dem Oasenbewässerungssystem der Foggara (siehe Kapitel »Oasen: Wasser in der Wüste«) werden von den Bauern seit Jahrhunderten senkrechte Erdschächte zu den wasserführenden Kanälen gegraben, die die Wartung der Kanäle erleichtern. Und in diesem kühlen System aus Schächten und Kanälen bauen die Felsentauben ihre Nester – geschützt vor der sengenden Sonne und räuberischen Tieren.

Die heißen Tricks der

PYRAMIDEN BAUEN

Bevor die Weibchen des Saharasteinschmätzer ein Ei legen, suchen sie nach mit vielen kleinen Luftlöchern versehenen Steinen. Manchmal häufen sie mehrere hundert dieser Steine zu kleinen Pyramiden auf und legen darauf in eine kleine Mulde ihre Eier ab. Warum? Selbst in der Wüste entsteht in der

STEINLERCHE

SICH UNSICHTBAR MACHEN

Die Wüste ist voller Gefahren, und Tiere wie die Vögel, die viele Feinde zu fürchten haben, tun gut daran, möglichst nicht gesehen zu werden. Die Steinlerche der Sahara nimmt dazu ausgiebige Staubbäder, um ihr Gefieder der Farbe der umliegenden Wüste anzupassen. Und so gibt es gelbliche, graubraune, rötliche und schwarze Steinlerchen.

WIR SPIELEN KLAPPERSCHLANGE

In den Wüsten Nordamerikas nistet sich die Kanincheneule gerne in Fuchsbauten ein, hier weiß sie sich geschützt. Eine Gefahr besteht allerdings: Was ist, wenn der Hausherr zurückkommt? Den vertreibt die Kanincheneule mit einem sehr fiesen Trick: Sie macht genau jenes Rasseln nach, das Klapperschlangen verursachen, wenn sie drohen. Und davor hat auch ein Wüstenfuchs großen Respekt.

KANINCHENEULE

PARTNERSUCHE LEICHT GEMACHT

Die gute Tarnung durch farbliche Verschmelzung mit der Umwelt kann jedoch auch dazu führen, dass mich die nicht sieht, von der ich das eigentlich will. Ein weiteres Problem ist die Unwirtlichkeit der Wüste. Vögel brauchen bisweilen riesige Reviere für sich selbst, um überleben zu können. Der Hahn der Kragentrappe löst das Problem so, dass er sich zur Partnesuche auf eine Anhöhe stellt und plötzlich knallbunte Federn zeigt, die er ansonsten wohlweislich verbirgt. Und auf einmal ist er auf eine Entfernung von zwei bis drei Kilometern zu sehen. Das Männchen der Wüstenläuferlerche, sonst, wie der Name schon sagt, eher ein Laufvogel, schwingt sich zur Partnersuche in die Luft, veranstaltet einen auffallenden Balzflug und begleitet ihn mit Gesängen, die man von ihm nur zu diesem Anlass hört.

Wüstenvögel

← **SAHARASTEINSCHMÄTZER**

KRAGENTRAPPE

Nacht Tau, der jedoch mit Aufgang der Sonne schnell verdampft. In den porösen Steinen aber wird er länger gespeichert und kühlt so die Eier. Denn in der Wüste ist nicht Kälte die Gefahr für Eier, sondern Hitze.

VORSICHT, GIFT!

Es gibt drei Gruppen von Korallenschlangen, sehr giftige (echte Korallenschlangen) und zwei ungiftige (»falsche«). Aber alle sehen sie gleich aus: rot, gelb, blau geringelt. Lange war man der Meinung, die ungiftigen hätten die Färbung der absolut giftigen Gruppe übernommen, um so ihrer Umwelt zu signalisieren: Lasst mich in Ruhe, ich bin hochgefährlich! Aber das konnte nicht sein, denn die Begegnung mit der giftigen Korallenschlange hat nie ein Lebewesen überlebt, also konnte es diese schlechte Erfahrung auch nicht an seine Nachkommen weitergeben. Forschungen haben nun ergeben, dass eine der ungiftigen Gruppen äußerst beißfreudig und dieser Biss obendrein sehr schmerzhaft ist. Bereits gebissenen Tieren brauchte man nur einen in diesen Farben bemalten Stock zu zeigen, um sie sofort in Panik zu versetzen. Also waren diese beißwütigen »falschen« Korallenschlangen das Vorbild für die beiden anderen.

KORALLENSCHLANGE

DIE KILLERSPINNE DER SAHARA

Die bis zu 12 Zentimeter große Walzenspinne der Sahara geht auf alles los, was gefressen werden kann: Insekten, Eidechsen, Skorpione, Mäuse, Kleinvögel. Und selbst dem Menschen kann sie schmerzhafte, blutende Wunden zufügen. Diese Killer vertragen bis zu 47 Grad Körpertemperatur, legen in einer Nacht bis zu zehn Kilometer zurück, sind viermal so schnell wie Skorpione und können ein ganzes Jahr ohne Nahrung überleben. Interessant: In Gefangenschaft kann man sie zu Tode füttern – sie kennen kein Sättigungsgefühl.

WALZENSPINNE

ZUM ANGELN IN DIE SAHARA?

In der Sahara gibt es in der Tat Fische – aber eben nicht nur im Nil, sondern mitten in der Sahara, im Hochgebirge des Hoggar. Hier leben in einigen kleinen Aushöhlungen im Fels wirklich Fische. Wahrscheinlich strömte dort vor vielen tausend Jahren ein Fluss – und die Fische haben seitdem überlebt. Dabei haben sie sich über Generationen immer besser an das Leben in diesen Aushöhlungen angepasst und sind zu einer eigenen Art geworden: eben zu »Wüstenfischen«.

WÜSTENFISCH

SPRINGMAUS

TROCKENSCHLAF

Die Springmäuse Asiens, Afrikas und Amerikas decken Ihren Wasserbedarf vor allem über die Nahrung, denn alle Pflanzen enthalten Wasser. In besonders heißen Zeiten, vor allem im Sommer, verdorren aber viele Pflanzen. Dann fällt die Springmaus einfach in den Trockenschlaf – Gute Nacht, bis zum nächsten Regen dann.

WIE EIN FISCH IM SAND

Sandfische gibt es wirklich. Aber natürlich handelt es sich dabei nicht um Fische, sondern um Reptilien. Ihr besonderer Körperbau ermöglicht es ihnen, durch den Saharasand zu »schwimmen« wie ein Fisch durch Wasser.

SANDFISCH

FENNEK: GÜRTEL ENGER SCHNALLEN!

Sandfuchs und Fennek leben in klar abgetrennten Regionen. Zwar braucht der Sandfuchs sehr viel weniger Flüssigkeit als sein Vetter, unser Rotfuchs, aber der Fennek (auch Wüstenfuchs genannt), ist in dieser Beziehung noch anspruchsloser und zieht sich bis weit in die Sandwüste zurück. Ein Sprichwort der Nomaden lautet deshalb: »Fuchsspuren – Wasser in der Nähe, Fennekspuren – Gürtel enger schnallen und weitergehen.«

WÜSTENFUCHS (FENNEK)

Fennek-Spuren

ORYXANTILOPE ↑

Die Oryxantilope kommt unter anderem in der Namib vor. Sie entzieht dem spärlichen Futter, das sie findet, jegliche Flüssigkeit und kann mehrere Tage ohne Wasser auskommen. Ihre Körpertemperatur kann die Oryxantilope der Umgebung anpassen. Tagsüber liegt diese dann schon mal bei 46 Grad Celsius und sinkt in der Nacht auf 36 Grad Celsius. So kann sie die Wärme immer wieder neu aufnehmen und nachts wieder abgeben.

Gefahr

Die in Australien häufig ausbrechenden Buschfeuer können riesige Gebiete verwüsten und sogar Millionenstädte bedrohen. Deshalb gibt es strenge Gesetze, die das Anzünden von offenem Feuer in der Natur regeln. Für manche Pflanzen sind die Brände aber sogar notwendig: Die Samen entwickeln sich nur, wenn die Schutzhülle durch die Hitze durchlässig wird.

Die Aborigines leben heute meist in einsam gelegenen, oft trostlosen Gemeinschaften. Die Kinder haben schlechte Zukunftsaussichten – die Arbeitslosigkeit beträgt fast 40 % bei den australischen Ureinwohnern.

Der Ayers Rock, den man heute mit dem Aboriginal-Namen »Uluru« bezeichnet, → → liegt im Zentrum Australiens und ist mit 348 Meter Höhe und 9,4 Kilometer Umfang der zweitgrößte Monolith der Erde.

Immer geradeaus in die unendliche Weite Australiens: Gleise der Indian-Pacific-Line. →

Die Sturts Stony Desert liegt im Zentrum Australiens.

In der Gibson-Wüste wächst weitverbreitet Spinifex-Gras. Dieses Gras ist besonders widerstandsfähig.

Dornteufel und Dino-Bäume:

»Sorry.« Ein kurzes, einfaches Wort bewegte ein ganzes Land. Mit diesem Wort bat der Premierminister Australiens die Ureinwohner, die Aborigines, um Entschuldigung für Jahrhunderte des Unrechts an ihnen. Viele Menschen brachen in Tränen aus.

Der Dino-Baum

Für Biologen war es eine Sensation: keine 200 Kilometer von Sydney entfernt wurden 1994 in einer Schlucht des Wollemi Nationalparks Bäume entdeckt, die als ausgestorben galten. Versteinerungen von ihnen, die man gefunden hatte, waren 110 Millionen Jahre alt. Damals lebten in Australien Dinosaurier, vielleicht haben sie sich vom Grün dieser Bäume ernährt. Der Name des Baumes: Wollemi Pine.

✱ ABORIGINES – NOMADEN DER WÜSTE

Australien ist ein überwiegend trockener, wasserarmer Kontinent. Die Ureinwohner waren über Jahrtausende Nomaden, umherziehende Gruppen, die sich durch Sammeln (Wurzeln, Beeren, Insekten usw.) und Jagen ernährten. Berühmt sind ihre Jagdwaffen: Woomera (Speerschleuder) und Bumerang. Seit der Ankunft der Weißen wurden die Aborigines immer mehr in unwirtliche Gebiete abgedrängt, heute leben nur noch die wenigsten als Nomaden. Bis etwa 1970 war es in Australien üblich, den Aborigines die Kinder wegzunehmen und in Pflegefamilien und Missionsstationen »unterzubringen«. Diese Kinder nennt man heute die »gestohlene Generation«. Erst 1966 erhielten die Aborigines das Wahlrecht in ihrem eigenen Land, 1980 wurde die Rassentrennung an den Schulen aufgehoben. Und im Februar 2008 sagte der Premierminister schließlich: »Sorry«.

✱ EIN RIESIGER KONTINENT

Die Wüsten Australiens bilden das drittgrößte Wüstengebiet der Welt, allein die Great Sandy Desert, die »Große Sandwüste«, ist so groß wie Deutschland. Die Entfernungen zwischen den Städten werden deutlich, wenn man sich die Zugverbindungen anschaut: Der Indian Pacific ist zwischen Sydney und Perth 4 352 Kilometer unterwegs und braucht dafür 65 Stunden, also knapp drei Tage und Nächte. In der Nullarborebene fährt er dabei über 478 Kilometer nur geradeaus, hier gibt es keine Kurven. Und in diesen riesigen Wüsten leben faszinierende Tiere und Pflanzen.

Wildblumen in der Great Victoria Desert

Der Dornteufel sieht gefährlich aus, ist aber völlig harmlos. Die Dornen sollen seine Feinde abschrecken. Er kann aber auch eine Tarnfarbe annehmen, um gar nicht erst entdeckt zu werden.

 OPALE

Aus der Luft wirken die Bohrlöcher der Opalsucher wie Wattebäusche. In Australien gibt es bedeutende Fundstätten dieser wertvollen Steine.

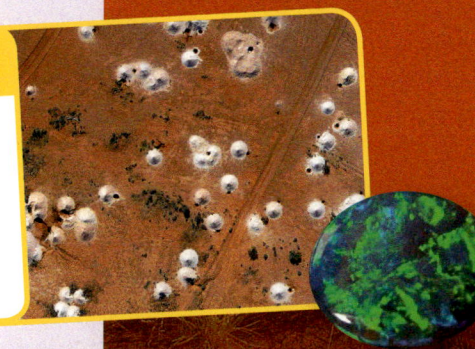

Zauberei? Wie können sich 200 bis 300 Kilogramm
schwere Felsbrocken über Kilometer
ganz von alleine fortbewegen?
Und doch gibt es Beweise dafür!
Und die Spuren sprechen eine klare
Sprache. Welche Kraft war da am Werke?
Denn Menschen können solche Brocken
ohne Hilfe von Maschinen
keinen Zentimeter verschieben.

✳ »RACETRACK« – RENNSTRECKE

So nennen die Amerikaner ironisch jene Gegend im
Death Valley, dem Tal des Todes, in dem sich das Phäno-
mender wandernden Steine abspielt. Der Boden hier
besteht vor allem aus Ton und Salz und ist völlig eben.
Manche der großen Steine »wandern« nur einen Meter
im Jahr, manche rühren sich über Jahre hinweg nicht vom
Fleck. Kleinere Steine dagegen scheinen sich schneller
zu bewegen. Allerdings: Gefilmt und damit bewiesen hat
diese Wanderungen noch niemand. Zwar sprechen die
Spuren eine klare Sprache: Die Steine bewegen sich wirklich
»von selbst«. Aber warum sie das tun, dafür gibt es nur
Theorien, keine Beweise. Einige Wissenschaftler glauben
zum Beispiel, dass die Verbindung von gelegentlicher
Feuchtigkeit des rutschigen Tonbodens mit starken Winden
eine Ursache für die Wanderungen sein könnte.

Wandernde Steine im Tal des Todes

→ **AUF WIEDERSEHEN, TAL DES TODES!**

Im Jahr 1949 verirrten sich zwei Wagentrecks mit insgesamt ungefähr 100 Menschen auf dem Weg nach Westen in dieses Tal. Sie mussten ihren Fehler bald einsehen und kehrten um. Um zu überleben, schlachteten sie einige Ochsen und verbrannten (um das Fleisch zu garen) einige ihrer Wagen. Aber sie schafften es und verließen das Tal über einen Pass. »Goodbye, Death Valley!«, rief eine der Frauen bei einem letzten Blick zurück. Gestorben war zum Glück niemand.

✳ MOJAVE-WÜSTE

Das Death Valley ist Teil der Mojave-Wüste, eine der für die USA so typischen »Reliefwüsten«, also Beckenlandschaften, die von hohen Randgebirgen umgrenzt werden. Das Death Valley hält zwei Rekorde: Es ist mit einer durchschnittlichen Temperatur von über 45 Grad im Sommer eine der heißesten Gegenden, und es ist, als eine Art »Falte« in der Landschaft, einer der tiefsten Punkte der Erdoberfläche: 85,5 Meter unter dem Meeresspiegel. Und in der Mojave-Wüste liegt eine der faszinierendsten und merkwürdigsten Städte der Welt: das Spielerparadies Las Vegas.

Las Vegas

✳ SONORA-WÜSTE

Die Sonora ist eine echte Wüste, aber sie ist auch vom Glück begünstigt: Zweimal im Jahr gelingt es Wolken vom Pazifik (im Winter) und aus dem Golf von Mexiko (im Sommer), bis hierher vorzudringen und sich abzuregnen. Das Ergebnis ist eine wunderbare und für Wüsten eher untypische Vielfalt an Tieren und Pflanzen. Viele Reptilien leben hier, Klapperschlangen, Echsen, Molche, Salamander, aber auch viele verschiedene Vogelarten. Die berühmtesten Pflanzen sind hier sicherlich die Kakteen, vor allem die Saguaro-Kakteen und der Orgelpfeifen-Kaktus.

Der Saguaro-Kaktus ist das Symbol für die Sonora-Wüste geworden. So ein Kaktus kann mehrere hundert Jahre alt werden. Die ersten Arme treibt er erst im Alter von 75 Jahren aus.

✳ GREAT BASIN – GROSSES BECKEN

In dieser größten Wüste Nordamerikas liegt der berühmte Große Salzsee, der Namensgeber für eine bekannte Stadt: Salt Lake City. In grauer Vorzeit, genauer: während der Eiszeit, befand sich hier ein riesiger See, der Lake Bonneville, aber durch die Verdunstung des Wassers und den Mangel an Niederschlag wurde der See immer kleiner und versalzte zunehmend.

¹ *Der Colorado hat sich tief in die Gesteinsschichten des 330 000 Quadratkilometer großen gleichnamigen Plateaus eingeschnitten.*

² *Der Ship Rock, ein nicht mehr tätiger Vulkan in New Mexiko, USA*

³ *Die sogenannte Wave, eine aus Sandstein geformte Welle im Paria Canyon. Die amerikanischen Behörden kontrollieren die Anzahl der Besucher, um den empfindlichen Sandstein zu schützen.*

✳ CHIHUAHUA-WÜSTE

Etwa zwei Drittel dieser Wüste liegen in Mexiko, der Rest in den USA in den Bundesstaaten Texas und New Mexico. Die Chihuahua bietet ein einzigartiges Erlebnis: auf fast 800 Quadratkilometern erheben sich in New Mexico die Dünen von White Sands. Hier besteht der Sand nicht aus Quarz, sondern aus Gips – und die Wüste ist schneeweiß!

1933 wurden die Dünen von White Sands zum National Monument erklärt. Hier werden allerdings immer noch einmal in der Woche Raketen getestet.

Nur das Beste: Wenn in den Golfstaaten Hotels gebaut werden, müssen die jeden erdenklichen Luxus bieten. Das berühmte Burj-al-Arab gilt als eines der besten Hotels der Welt.

Nicht nur Luxus und Wolkenkratzer: Weite Teile Arabiens haben mit dem Boom am Golf nichts zu tun. Hier herrscht nach wie vor die Wüste: traditionelle Städte wie Sanaa im Jemen (Bild ganz oben), riesige Dünen mit über 1 000 Kilometer Länge in der Rub al-Khali, der größten Sandwüste der Welt (Bild Mitte). Besonders beliebt ist die Jagd mit möglichst in Deutschland gezogenen Falken (Bild unten).

→ **WIE ENTSTEHT ERDÖL?**

Erdöl gibt es überall dort, wo vor Millionen von Jahren große Seen oder Küstenregionen waren. Wenn dort Bedingungen herrschten, dass tote Tiere und Pflanzen nicht verwesten, sondern eine Art Faulschlamm bildeten, war der Weg zur Entstehung von Erdöl frei. Hinzu kamen die Arbeit von Bakterien und der Druck von Gesteinsschichten.

Beduinenjunge

Fortschritt und Tradition

Deutschland ist nicht mehr zu haben, Irland ist auch weg, aber England wäre noch verkäuflich, Russland auch. Was sich anhört wie ein schlechter Witz, ist in Dubai am Arabisch-Persischen Golf Wirklichkeit. Bei einem gigantischen Bauunternehmen werden dort seit 2003 Inseln ins Meer gebaut, die aus der Luft gesehen genau der Karte unserer Erde entsprechen: »The World – die Welt«. Über 300 Inseln werden es einmal sein, und sie sind nicht ganz billig: kleinere sind ab 15 Millionen Dollar zu haben, größere kosten mehr als 50 Millionen.

Kamelrennen

Araber sind Pferdenarren – kein Wunder bei den wunderschönen »Araber-Pferden« – wer kennt sie nicht? Wenige aber wissen, dass viele Araber vielleicht noch größere Kamelnarren sind. Und so sind in arabischen Staaten Kamelrennen so selbstverständlich wie bei uns Pferderennen. Und natürlich geht es auch hier um den Sieg. Dabei hat das Kamel besonders gute Chancen, das am wenigsten Gewicht zu tragen hat. Deshalb war es viele Jahre lang üblich, Kinder als Reiter einzusetzen. Oft wurden diese Kinder für wenig Geld in armen Ländern gekauft – ein trauriger Sklavenhandel. Inzwischen ist dies aber in vielen Staaten verboten. Stattdessen werden Roboter eingesetzt: Sie sind ferngesteuert, mit Satellitennavigation (GPS) ausgestattet – und sollen sogar bessere »Jockeys« sein als die Kinder.

Aber »The World« ist nicht das einzige gigantische Bauprojekt in Dubai, bekannt geworden ist besonders »Die Palme«, eine künstliche Insel in Form einer Palme – die Luxusvillen entstehen nebeneinander auf den Palmwedeln. Inzwischen arbeitet man schon am dritten Palmen-Projekt, eines größer als das andere. Alles in Dubai soll Weltklasse haben: Pferderennen mit dem höchsten Preisgeld, das größte Einkaufszentrum (im Bau), das höchste Gebäude der Welt, das 7-Sterne Hotel Burj-al-Arab (auf dem großen Bild auf der Seite gegenüber), die Rekorde wollen kein Ende nehmen … Und Dubai ist nicht das einzige Land in dieser Gegend der Welt mit einer solch unglaublichen Entwicklung. Die Vereinigten Arabischen Emirate, deren Teil Dubai ist, entwickeln sich ebenso rasant wie etwa Saudi-Arabien, das größte Land der Arabischen Halbinsel.

✳ ÖL, ÖL, ÖL

Der Grund für die beeindruckende Entwicklung und den Reichtum am Golf hat einen kurzen Namen: Öl. In den letzten Jahren ist der Ölpreis immer wieder gestiegen, und so gelangen gewaltige Geldmengen in die Länder am Golf. Dort liegen über die Hälfte der Erdölreserven unserer Erde, der Boom wird also noch länger anhalten. So wird in Dubai an einem Flughafen gebaut für mehr Passagiere, als London und Frankfurt zusammen aufnehmen können. Und neue künstliche Inseln werden seit 2008 vor der Küste gebaut – mit »The World«, der Welt, gibt man sich nicht mehr zufrieden, jetzt muss es »The Universe«, das Universum, sein. Wer das nötige Kleingeld hat, kann sich dort Sonne, Mond und Sterne vom Himmel holen …

Steppen, Jurten, Maharadschas

»Vier Wochen vor dem Vollmond im heiligen Monat Kartik Purnima beginnen sich die Sanddünen westlich von Pushkar mit Kamelen zu füllen. 50 000 Rajasthanis treiben gut 100 000 Kamele zum Kamelmarkt nach Pushka, dem größten der Erde. Mehrere Wochen lang wird hier mit Kamelen gehandelt und getauscht. Sie stellen bis heute in der Wüste Thar die wichtigsten Transport- und Lasttiere dar.«

Michael Martin »Wo Shiva Buddha trifft«

→ **ASIEN**

Asien ist der größte Kontinent unserer Erde. Und auch dort gibt es Wüsten – in Iran und Afghanistan wie in Indien oder China oder in Zentralasien (etwa in Ladakh und Tibet). Nur Afrika ist noch reicher an Wüsten. In Asien gibt es alle verschiedenen Wüstentypen – bis auf die Küstenwüste. Diese durch kalte Meeresströmungen hervorgerufene Wüstenart fehlt hier.

Rajasthanische Frauen holen von einem Brunnen im indisch-pakistanischen Grenzgebiet Wasser und tragen es in Gefäßen zu ihrem Dorf.

Jodhpur, die blaue Stadt, in der Wüste Thar. Die blaue Farbe der Häuser soll die Zugehörigkeit zur Kaste der Brahmanen zeigen. Inzwischen haben auch Nicht-Brahmanen blaue Häuser.

* THAR – DIE WÜSTE DER MAHARADSCHAS

Vieles an der Wüste Thar entspricht nicht unbedingt unserer Vorstellung, die wir von einer Wüste haben. Da gibt es Paläste von Maharadschas und hinduistische Tempel. Außerdem ist die Thar, die in Indien und Pakistan liegt, eine der am dichtesten bewohnten Wüsten der Welt. Trotzdem ist sie eine echte Sandwüste, hier findet, wie vom Wüstenexperten und -fotografen Michael Martin im Vorspann beschrieben, jährlich der größte Kamelmarkt der Welt statt. Von der Wüste Thar wird häufig behauptet, sie sei eine vom Menschen geschaffene Wüste. Nicht zu leugnen ist, dass der sehr hohe Viehbestand sowie das Abholzen von Bäumen sicherlich dazu beigetragen hat, dass die Thar immer unfruchtbarer und trockener wird.

* DIE WÜSTE GOBI

Streng genommen ist die Gobi keine echte Wüste, sondern eher als Wüstensteppe oder Halbwüste zu bezeichnen. Nach der Sahara ist sie die zweitgrößte Wüste der Erde und liegt in China und der Mongolei. Während in China die Entwicklung eher weg vom Nomadenleben in Jurten (großen Rundzelten mit einer Öffnung oben im Dach) geht, sind in der Mongolei wieder viele Menschen mit ihren Pferden und Herden unterwegs. Die wunderschönen Bilder von Pferden und Jurten in der Wüste Gobi dürfen aber nicht darüber hinwegtäuschen, dass das Nomadenleben hier beschwerlich und unsicher ist. Es sind vor allem die Wetterbedingungen, die das Leben sehr hart machen können. Im Winter können die Temperaturen bis auf −40 Grad sinken. Folgt ein solch eiskalter Winter auf einen Dürresommer, der die Herden ohnehin geschwächt hat, kann das zu hohen Verlusten an Pferden, Schafen und Kamelen führen.

Die Wüste Gobi ist mehr eine Wüstensteppe als eine echte Wüste.

Jean-Louis Schlesser ist einer der ganz großen Rallyefahrer, sein Name ist aus der Dakar-Szene nicht wegzudenken. Nur wenige wissen, dass er auch mal Formel-1-Fahrer war. Beim Großen Preis von Italien krachte er 1988 mit Ayrton Senna zusammen.

Japaner gelten als kühl und zurückhaltend. All dies ist Hiroshi Masuoka am Steuer nicht – er ist ein verwegener Pilot, der sich mehr von seinen Gefühlen als von nüchternen Überlegungen leiten lässt. Im Privatleben aber ist er sehr freundlich und eher still.

Die Rallye Dakar ist nicht unumstritten. Zum einen sind immer wieder Tote zu beklagen. Zum anderen wird angemerkt, dass dieses Spektakel der überwiegend armen Bevölkerung an der Strecke in Afrika überhaupt nicht hilft – die ASO zahlt mittlerweile viel Geld, um die entstandenen Flächenschäden zu beseitigen. Auch die Lebensmittel werden vor Ort gekauft.

Motorenlärm
und Wüstenstille

In der Hitze der Sahara kocht der Japaner Hiroshi Masuoka — vor Wut.
Den erfolgreichen Rallyefahrer hat sein Konkurrent, der Franzose Jean-Louis Schlesser,
übel ausgetrickst. Er und sein Teamkollege Salvador Servia nehmen zwei Minuten
Zeitstrafe für einen Frühstart in Kauf. Sie wissen: Auf der schmalen Sandpiste hinter
Tambacaunda kann Masuoka nicht überholen. Schlesser braust vorne davon, Servia lässt es
deutlich langsamer angehen, Masuoka hängt chancenlos hinter ihm.
Schließlich verliert der Japaner die Geduld, weicht zum Überholen von der Piste ab — und prallt
im hohen Steppengras auf einen verborgenen Baumstumpf.

Dieser gnadenlose Konkurrenzkampf fand 2001 bei der Rallye Paris – Dakar statt. Jean-Louis Schlesser durfte sich über seinen gelungenen Trick nicht lange freuen: Die Jury brummte ihm wegen unsportlichen Verhaltens eine hohe Zeitstrafe auf, und im Endklassement lag Masuoka dann doch einen Platz vor ihm. Aber nicht der Japaner war der Sieger in diesem Jahr, die beiden Konkurrenten hatten sich so gnadenlos beharkt, dass die deutsche Pilotin Jutta Kleinschmidt still und leise an ihnen vorbeizog und als bisher einzige Frau die Rallye gewann.

* NICHT IMMER PARIS – NIE MEHR DAKAR?

Seit 1987 gibt es die Rallye Paris – Dakar, wobei nicht immer exakt diese Strecke gefahren wurde: 1997 zum Beispiel waren Start und Ziel in Dakar; 2000 führte die Strecke von Dakar nach Kairo. 2001, im Jahr von

Jutta Kleinschmidts Sieg, war zum letzten Mal der Start in Paris, danach in anderen französischen Städten oder in anderen Ländern, zum Beispiel in Barcelona oder Lissabon. Deshalb lautet die offizielle Bezeichnung heute auch nur noch »Rallye Dakar«. Im Jahre 2008 wurde die Rallye aufgrund von Terrordrohungen ganz abgesagt, in Zukunft wird sie in anderen Gegenden der Welt stattfinden, zum Beispiel in Südamerika.

In den ersten Jahren der Rallye waren nur Privatleute im Auto oder auf Motorrädern unterwegs, später gab es dann immer mehr Werksteams. Heute ist die Rallye ein wichtiges Wirtschaftsunternehmen, übrigens organisiert von der Amaury Sport Organisation (ASO), die auch die Tour de France veranstaltet. Die weitaus meisten Siege konnte bisher Mitsubishi für sich verbuchen.

Jutta Kleinschmidt feiert ihren Sieg 2001 bei der Rallye Dakar. Die Trophäe zeigt das Logo der Rallye Dakar.

GELBE CISTANCHE

Die Gelbe Cistanche wächst in der Sahara und ist eine sogenannte Schmarotzerpflanze, das heißt, dass sie den Wurzeln anderer Pflanzen Nährstoffe und Wasser abzapft. Dadurch ist sie natürlich weniger auf Regen angewiesen. Der Samen der Gelben Cistanche bleibt bis zu zehn Jahren keimfähig. Sobald sie Kontakt zur Wurzel einer Wirtspflanze hat, beginnt sie auszukeimen. Cistanchen sind sehr beliebte Pflanzen bei den Tieren der Wüste. Dromedare fressen die ganze Pflanze, Ziegen mögen eher die Früchte, Fennek und Schakal graben sogar die Wurzeln aus.

EISKRAUT (MITTAGSBLUME)

Das Eiskraut wächst auf salzigen Böden und ist deshalb stark salzhaltig. Darum ist es als Nahrungspflanze für viele Tiere nicht geeignet. Kamele haben damit allerdings kein Problem. Auch Menschen nutzen die Pflanze: Aus den zerriebenen Samen werden mit Hirse oder Gerste Fladen gebacken.

WUNDERSAME WUNDER-SAMEN

Die harten Wüstenbedingungen führen dazu, dass es viele einjährige Pflanzen, also solche, die nur ein Jahr blühen, Samen ausbilden und dann absterben, es nicht mehr schaffen, aus diesen Samen dann im nächsten Jahr wieder neue Pflanzen hervorzubringen. Dann liegen die Samen der Pflanzen über Jahre dicht unter der Wüsten-Oberfläche und warten — auf Regen. Und plötzlich erblüht die Wüste.

Überlebens-künstler Pflanzen

Jahrzehnte hat es in diesem Teil der Wüste nicht mehr so geregnet – und jetzt fällt plötzlich reichlich Wasser vom Himmel. Innerhalb weniger Tage verwandelt sich die Wüste in ein blau-gelbes Blütenmeer. So wird man das über Jahre hinaus hier nicht mehr erleben können: Die Wüste lebt – und wie!

So wie die Tiere sind auch die Pflanzen der Wüste wahre Weltmeister der Anpassung an die dortigen Verhältnisse. Wir alle wissen aus unserer direkten alltäglichen Umwelt, dass zu große Hitze und Trockenheit die Pflanzen welken lassen: Hitze trocknet den Boden aus, fehlt das Wasser, vertrocknen die Pflanzen. Ob das nun Blumen auf dem Balkon sind oder Zimmerpflanzen – ohne Wasser sterben sie früher oder später. Wie aber können Pflanzen in der Wüste, den trockensten Gebieten unserer Erde, überleben?

✳ OHNE WASSER GEHT GAR NICHTS!

In den Wüsten, in denen nur einige Male in hundert Jahren Regen fällt, können Pflanzen in der Tat nicht leben. In Wüsten aber, in denen einmal im Jahr, mindestens aber alle zwei, drei Jahre, Regen fällt, gibt es bestimmte Pflanzenarten, die dort überleben können. Dafür müssen sie aber schier unglaubliche Fähigkeiten entwickeln.

→ DIE ÜBERLEBENSTRICKS

Wüstenpflanzen haben mehrere Überlebenstricks wie z. B.:

→ einen Wasserspeicher
→ ein sehr ausgedehntes, flaches Wurzelnetz
→ sehr tiefe Wurzeln
→ Aufnahme von Wasserdampf der Wurzeln aus der Luft
→ schnelles Wachstum und sofortige Blüte
→ »Trockenschlaf«
→ das Benutzen von abgestorbenen Blättern als Sonnenschirme

✳ WÄLDER IN DER WÜSTE

Da stehen sie, diese Bäume, dicht an dicht, bis zu 20 Metern hoch – mitten in den trockensten Wüsten Nordamerikas. Hier regnet es nur ein Mal im Jahr. Die Bäume stehen oft nur wenige Meter auseinander, und wie in unseren Wäldern laufen Spechte die Stämme hoch. Allerdings haben die Bäume nur zwei oder drei Äste und überhaupt keine Blätter. Die Stämme leuchten im Sonnenlicht in sattem Grün: Der Wald besteht aus Kakteen. Aber wie können die Kakteen hier überleben? Dazu haben sie zwei Tricks entwickelt:

→ Kakteen sind lebende Wasserspeicher

Kakteen leben in einem Gebiet, in dem es zwar nur ganz selten regnet, aber dann kommen in gewaltigen Wolkenbrüchen große Wassermengen vom Himmel. Über ihr ausgedehntes, flach unter der Erde verlaufendes Wurzelgeflecht saugen die Kakteen dieses Wasser auf. In ihrem dicken Stamm können sie sechs oder gar acht Tonnen Wasser speichern. Und damit kann die Pflanze bis zu zwei Jahre ohne neue Regenfälle überleben.

→ Kakteen sind uneinnehmbare Festungen

Wie kommen Tiere in der trockenen Wüste an Wasser? Sie suchen die Nähe der wenigen Wasserstellen, schlürfen Tau oder fressen andere Tiere und »trinken« so deren Blut. Eine weitere Möglichkeit besteht für Tiere darin, Pflanzen zu fressen, denn Pflanzen enthalten immer Wasser. Wie wehren sich Kakteen, die wie große einladende Wasser-Tanksäulen in der Wüste stehen, gegen das Gefressenwerden? Sie haben sich eine Rüstung übergezogen, die sie unverletzbar macht: die Stacheln. Die stehen oft so dicht beieinander, dass das Grün des Stammes kaum noch zu erkennen ist.

blühender Kaktus

AFRIKANISCHER AFFENBROTBAUM (BAOBAB):

Auch er speichert Wasser in seinem dicken Stamm. Seine Früchte werden 25 bis 40 cm groß und sind eßbar.

ARBRE DE TÉNÉRÉ

Mitten in der Wüste Ténéré (Niger) steht einsam und verlassen ein Baum, der einzige Baum im Umkreis von hunderten von Kilometern. Die Ténéré ist ein Teil der Wüste aller Wüsten: der Sahara. Der Baum, eine Akazie, war über Jahrzehnte ein wichtiger Orientierungspunkt auf dem alten Karawanenweg von der Stadt Agadez zur Oase Bilma im Staat Niger sowie die Nordachse nach und von Libyen. Wie kann ein Baum mitten in der Wüste wachsen? Offensichtlich gibt es dort eine unterirdische Wasserader: Im Jahre 1939 gruben französische Soldaten dort einen Brunnen. In 35 Metern Tiefe stießen sie auf Wasser – und auf Wurzeln des Baumes, die sich tief in den Wüstenboden eingegraben hatten. Der Arbre de Ténéré ist heute Geschichte: In der ansonsten baum- und strauchlosen Weite der Wüste gelang es 1973 einem libyschen Lastwagenfahrer, den gerade mal drei Meter hohen Baum umzufahren. Heute erinnert eine Skulptur aus Stahlrohren in einer Dieseltonne an ihn. Die Reste des Baums mitsamt Wurzeln finden sich im Museum von Niamey.

Kakteen in der Sonora Desert

← ← ←

In einigen Gegenden der Sahara wächst ein Baum, dessen oberirdische Teile einfach in den Trockenschlaf fallen, wenn zu wenig Regen fällt – der Fettblattbaum (Calotropis procera). Er wirft seine vertrockneten Blätter nicht ab, sondern benutzt sie als eine Art Sonnenschirm. Die Feuchtigkeit innerhalb des Stammes wird von einer dicken Korkschicht geschützt. Bis zu acht Jahren ohne Regen kann der Fettblattbaum so »verschlafen«. Fällt Regen, wirft er seine trockenen Blätter ab und treibt frische grüne aus.

← ← ←

Leben ohne Zukunft: Noch gibt es einige der Zypressen im Tassili-Gebirge in der algerischen Sahara. Sie stehen hier seit Langem, vielleicht sind sie 3 000 oder 4 000 Jahre alt. Sie sind die Letzten ihrer Art, junge Bäume wird es hier nicht mehr geben, denn ihre Samen können sich im heutigen Wüstenklima nicht mehr entwickeln.

Der Köcherbaum ähnelt einem großen Kerzenständer (Kandelaber). Seinen Namen verdankt er den einheimischen Jägern, die seit Jahrhunderten ihre Pfeilköcher aus ihm fertigen.

Dieser Mesquitebaum hat es geschafft, er ist auf Wasser gestoßen und kann wachsen.

✱ EIN BAUM WÄCHST IN DIE FALSCHE RICHTUNG

Wenn alle Pflanzen in der Wüste über ihre flachen Wurzeln das seltene Regenwasser aufsaugen würden, wären jene Pflanzen nicht überlebensfähig, deren Wurzelwerk nicht so fein ausgebildet ist. Der Mesquitebaum hat sich deshalb für einen anderen Trick entschieden: Er treibt seine Wurzeln tief in die Erde hinein, um dort an Grundwasser oder eine tief liegende Wasserader zu kommen. Um das zu schaffen, macht er zwei ganz unterschiedliche Wachstumszeiten in seinem Leben mit:

→ Kümmerliche Kindheit und Jugend

Da steht er, der kleine Mesquitebaum, und wächst und wächst – überhaupt nicht. Es scheint nur eine Frage der Zeit zu sein, bis er abstirbt. Offensichtlich hat er sich den falschen Standort ausgesucht. Aber der Schein trügt: Der kleine Mesquitobaum wächst – aber nicht in die Höhe, sondern in die Tiefe! Dort muss er Wasser finden.

→ Prächtige Überlegenheit im Alter

Stoßen die Wurzeln des Mesquitebaumes auf Wasser, und das kann erst in 30 Metern Tiefe sein, dann hat er gewonnen. Er ist nun unabhängig von den seltenen Regenfällen. Wenn in mehreren schlechten, sehr trockenen Jahren die Kakteen verschrumpelt dastehen, ist dem Mesquitebaum nichts anzumerken – im Gegenteil! Jetzt wächst auch er, wie alle Bäume das machen, in die Höhe.

→ **ROSA FLAMINGOS**

Warum sind Flamingos eigentlich rosa? Die Farbe kommt von den Salzkrebsen, von denen sie sich ernähren. Sie filtern die Krebse in ihren Schnäbeln aus dem Wasser heraus.

Auf der eiskalten Hochebene des Altiplano liegt im Südwesten des Anden-Staates Bolivien einer der größten Salzseen der Erde: der Salar de Uyuni. Dass hier noch Leben möglich ist, mag man gar nicht glauben, und doch ist der See ein sehr beliebter Lebensraum: Flamingos leben hier in großen Mengen und ernähren sich von Salzkrebsen, die im salzigen Wasser des Sees reichlich vorhanden sind.

Weltrekorde in der Todeszone

So weit das Auge reicht dehnt sich die weiße, spiegelglatte Oberfläche des Sees. Ist das Schnee auf einer Eisdecke? Nein, es ist mörderisch heiß, hier fällt kein Schnee, dieser See friert nicht zu. Dieser See besteht aus Salz. Und aus der Ferne hört man eine Art Motorengeräusch, ein schwarzer Punkt am Horizont kommt näher, wird immer größer, der Lärm wird unerträglich laut, ein Gefährt kommt mit atemberaubender Geschwindigkeit näher, schießt vorbei, entfernt sich, der Lärm ebbt ab, bald ist da nur noch ein schwarzer Punkt am Horizont, dann nichts mehr. Stille.

Der Lake Eyre (in der Sprache der Aborigines: Katitanda) befindet sich am tiefsten Punkt von Australien, 17 Meter unter dem Meeresspiegel. In den seltenen Fällen in denen er Wasser enthält, ist der Lake Eyre der größte See des Kontinents. Hier hat Campbell seinen Weltrekord aufgestellt.

Rekorde, Rekorde

Campbells Rekord auf dem Lake Eyre ①️ *sollte nicht lange Bestand haben. Schon im Oktober wurde er gebrochen, und im November 1965 erreichte der mit einem Apollo-Triebwerk ausgestattete Wagen des Amerikaners Craig Breedlove* ②️ *966,96 km/h! Aufgestellt wurde der Rekord auf dem Großen Salzsee im amerikanischen Bundesstaat Utah. 1979 wurde zum ersten Mal mit einem Auto die Schallmauer durchbrochen – auf dem Rogers Dry Lake in Kalifornien (mit 1 190 km/h). Der Rekord wurde allerdings nicht offiziell anerkannt. Das Auto hatte nur drei Räder und fuhr nur eine Strecke. Heute wird der Geschwindigkeitsweltrekord für Autos von dem Engländer Andy Green* ③️ *gehalten und liegt bei 1 228 km/h.*

✳ VOM SALZSEE ZUR SALZWÜSTE

In jedem See sind Salze und andere Mineralien enthalten. Wenn ein See in einer heißen Gegend unserer Erde liegt und keinen Abfluss hat, sondern nur gelegentliche Zuflüsse durch Regen in der Umgebung, dann verdunstet das Wasser durch die heiße Sonneneinstrahlung stetig. Der See wird immer kleiner und flacher, und der Salzgehalt im Wasser nimmt immer mehr zu. Schließlich bilden sich an den Ufern und an seichten Stellen erste Salzkrusten, die dann beständig größer werden. Und schließlich führt das nach Jahrtausenden dazu, dass alles Wasser verdunstet ist, und es da gar keinen See mehr gibt. Aus dem Salzsee ist eine Salzwüste geworden.

✳ VON SCHWIMMERN UND REKORDJÄGERN

Salzseen und Salzwüsten gibt es in vielen Teilen unserer Erde. Oft haben die Menschen durch Abzweigen von Wasser zur Bewässerung von Feldern dazu beigetragen, dass Gewässer immer mehr zu Salzseen wurden. Häufig ist auch ein jahreszeitlicher Wechsel zwischen Salzsee und Salzwüste entsprechend der jeweiligen Regen- oder Trockenzeiten. Salzseen sind wahre Todeszonen: Nur ganz wenige Lebewesen, wie etwa Salzkrebse, von denen sich Flamingos ernähren, können in dem salzhaltigen Wasser überleben. An vielen Salzseen wird das Salz abgebaut, zum Beispiel zum Gebrauch als Speise- oder Badesalz. Salzseen ziehen häufig Touristen an, denn durch den hohen Salzgehalt kann ein Schwimmer praktisch nicht untergehen. Außerdem kann ein Bad in diesem Wasser bei bestimmten Hauterkrankungen sehr hilfreich sein. Und dann gibt es noch eine Gruppe von Menschen, die aus einem ganz anderen Grund Interesse an diesen Salzseen und Salzwüsten hat. Ihnen geht es nicht um das Salz, sondern darum, dass sie hier eine sehr glatte Oberfläche vorfinden, die obendrein Reifen eine sehr gute Bodenhaftung bietet. Diese Menschen sind Rennfahrer auf der Jagd nach Rekorden.

✳ RAKETEN IN DER WÜSTE

Seit es Autos gibt, gibt es auch den Wunsch, möglichst schnell damit zu fahren und Rekorde aufzustellen. Und wenn die Motoren nicht stark genug sind, kann man dann ein Auto nicht noch anders beschleunigen? 1928 hatten deutsche Ingenieure die Idee, ein Auto zusätzlich mit Raketen zu bestücken. So »raste« dann ein so verstärkter Opel mit 228 km/h über die damalige Berliner Rennstrecke, die Avus.

1964 stellte der Internationale Automobilverband neue, einheitliche Regeln für Geschwindigkeitsweltrekorde mit Autos auf, zum Beispiel, dass die Autos vier Räder haben mussten oder dass die Zeit auf einer Strecke hin und zurück gemessen werden musste. Zum Antrieb wurden keine Vorschriften gemacht, düsengetriebene Fahrzeuge wurden also nicht ausgeschlossen.

Schon im Juli des gleichen Jahres gelang dem Engländer Donald Campbell mit seinem düsengetriebenen Raketenauto ein erster Weltrekord mit 690,9 km/h auf dem Lake-Eyre-Salzsee in Australien. Aber Campbell war unzufrieden, sein »Bluebird« genanntes Auto war für viel höhere Geschwindigkeiten konstruiert worden. Doch die Tatsache, dass es einige Tage vorher am Lake Eyre zum ersten Mal seit 20 Jahren geregnet hatte und die Piste nicht ganz trocken war, machte ihm einen Strich durch die Rechnung.

Vom Inka Imaymana Viracocha (»der Macher«) heißt es in einer Legende: »Er stieg in den Himmel hinauf, nachdem er alles gemacht hatte, was es im Lande gibt.« Und so könnte es gewesen sein: Von dem Startplatz mit den riesigen Erdzeichnungen in der Wüstenküste Perus erhob sich der Ballon mit dem toten Inka hoch in die Luft und segelte davon – der Sonne entgegen.

✳ WAR ES SO? DAS RÄTSEL DER NAZCA

Fest steht: Da gab es ein Volk, das scharrte riesige Bilder von Menschen, Affen, Vögeln, Fischen oder einfach nur Dreiecke, andere Formen oder Linien in den Boden, manche bis zu 20 Kilometer lang. Das alles geschah 800 Jahre vor bis etwa 600 Jahre nach Christus. Entdeckt wurden die Erdzeichnungen erst vor 80 Jahren, als die ersten Flugzeuge diesen Teil Südamerikas überflogen.

Was wissen wir von den Menschen, die diese Zeichnungen machten? Wir nennen sie Angehörige der Nazca-Kultur, benannt nach der kleinen Küstenstadt Nazca im Süden Perus. Sie machten wunderschöne Töpferarbeiten und verstanden sich auf die Herstellung von farbenfrohen, prachtvollen Tüchern. Wir wissen das, weil das Volk von Nazca seine Toten sitzend, in Tücher gehüllt, im trockenen Wüstenboden begrub. Aufgrund der extremen Trockenheit wurden die Leichen zu Mumien – interessant für Archäologen (und für Grabräuber).

Aber warum machten sie diese riesigen Erdzeichnungen? Die Theorien gehen vom Landeplatz von Außerirdischen über den gigantischen astrologischen Kalender und den oben geschilderten Ballonstartplatz bis hin zur gigantischen Sportarena. Mindestens zwölf verschiedene Theorien gibt es, aber keine endgültigen Beweise. Die Nazca haben ihr Geheimnis mit ins trockene Grab genommen. 1994 wurden die Zeichnungen von der UNESCO zum Weltkulturerbe erklärt.

PERU

ECUADOR — KOLUMBIEN — BRASILIEN — Lima — Nazca — PAZIFISCHER OZEAN

→ WÜSTEN NEBEN WASSER

Küstenwüsten entstehen an kalten Meeresströmen, die die Bildung von Regenwolken verhindern. Das Wasser ist dadurch so nah und doch so fern!

↓ Diese in Fels gescharrte Figur wird »Astronaut« genannt.

Heißer Sand
am kalten Meer

SÜDAMERIKA

←PERU

Atacama

←CHILE

✷ DIE ATACAMA

Die Atacama erstreckt sich von Peru bis Chile, sie gilt als die trockenste Wüste der Erde: Hier fällt im Jahresdurchschnitt zum Beispiel nur ein Fünfzigstel der Regenmenge, wie sie im Death Valley in den USA gemessen wird. Es gibt Wetterstationen in der Atacama, die noch nie auch nur einen Tropfen Regen registriert haben. Die Ursachen der Trockenheit: Gegen feuchte Winde und Wolken aus dem schwül-feuchten Amazonasbecken oder vom Atlantik wird die Atacama durch die Gebirgskette der Anden bzw. Kordilleren abgeschirmt. Vor allem aber ist es der kalte Humboldt-Meeresstrom im Pazifik, der an die Küste spült und keine Regenwolken entstehen lässt. Die extreme Trockenheit führt dazu, dass die Luft außerordentlich klar ist. In der chilenischen Atacama stehen einige der größten und bekanntesten Sternwarten der Welt wie La Silla oder Las Campanas.

Indiofrauen des Altiplano sind berühmt für ihre farbenfrohen Hüte und Blusen.

1 Sternwarte auf dem La Silla in der Atacama
2 Die leuchtenden, schwefelhaltigen Auswürfe eines Geysirs in El Tatio (Chile)
3 Küste der Paracas-Halbinsel

Die Eisenbahnlinie in der Atacama verbindet die verschiedenen Bergbaugebiete miteinander.

AFRIKA

↓NAMIBIA

Atacama

Damara-Frauen im Gespräch

Nebeltrinker-Käfer – ein komischer Name ist das schon. Aber er macht viel Sinn: Denn in der Nebelzone nahe der Küste reckt er sein Hinterteil in die feuchte Luft, der Nebel wird an seinem Körper zu Wassertröpfchen, die in kleinen Rillen an seinem Rücken hinunterlaufen – und getrunken werden. Nebeltrinker-Käfer gibt es nur in der Namib-Wüste. → →

✱ DIE NAMIB

Ähnlich wie bei der Atacama gibt es auch vor der Küste der Namib eine kalte Meeresströmung, den Benguela-Strom, der wie der Humboldt-Strom des Pazifik aus der Antarktis kommt. Und ähnlich wie bei der Atacama gibt es entlang der Küste einen Streifen, wo häufig Nebel herrscht, der sich erst am Nachmittag, manchmal gar nicht auflöst. Auf die Aufnahme geringer Feuchtigkeitsmengen dieses Nebels haben sich einige Pflanzen und Tiere spezialisiert, aber außerhalb des Küstenstreifens ist die Namib extrem

lebensfeindlich: Nachttemperaturen unter 0 Grad, am Tage mehr als 50 Grad. Hier wird die Namib ihrem Namen gerecht: »Ort wo nichts ist«.

Die Düne 7 in der Nähe von Sossusvlei

Die Welwitschia besteht vor allem aus Blättern, die bis zu 2,5 m lang werden können, einer Pfahlwurzel, die bis zu drei Meter tief in die Erde reichen kann, und aus einem ausgedehnten Wurzelwerk, das einen Durchmesser von 15 m erreichen kann. Die Welwitschia wächst nur in der Wüste Namib und ist stellenweise sehr verbreitet. Daher ist sie auch im Wappen des Staates Namibia abgebildet. → →

A

Abholzen	12, 13, 45
Aborigines	36, 37, 56
Affenbrotbaum, afrikanischer	51
Afrika	16, 24, 28, 34, 46, 47, 61
Agadez	7, 17, 19–21, 51
Amaury Sport Organisation (ASO)	46, 47
Amerika (siehe USA)	
Arabien	28, 42, 43
Arbre de Ténéré	51
Asien	16, 28, 34, 44, 45
Atacama	60
Australien	36, 37, 56, 57
Ayers Rock	36

B

Baobab (siehe Affenbrotbaum)	
Benguela-Strom	61
Blaues Volk (siehe Tuareg)	
Bluebird	57
Breedlove, Craig	57
Brunnen	24
Bumerang	37
Burj-al-Arab	42, 43
Buschfeuer	36

C

Calotropis procera (siehe Fettblattbaum)	
Campell, Donald	57
Chihuahua-Wüste	41
Chile	60
China	45
Colorado	41

D

Dattelpalmen	25
Dino-Bäume (siehe Wollemi Pine)	
Death Valley	38–40, 60
Dornenteufel	37
Dromedar	26
Dubai	43
Dünen	6, 42

E

Eiskraut	48
Erdöl (siehe Öl)	
Erdzeichnungen	58, 59

F

Fata Morgana	22, 25
Fennek	35
Felsentauben	32
Fettblattbaum	52
Flamingos	54, 57
Flughühner	6, 30, 31
Flussläufe, ausgetrocknet	9, 10
Foggara	24, 32

G

Geisterregen	8
Gelbe Cistanche	48
Ghadames	23
Gibson-Wüste	36, 56
Gobi	16, 45
Golfstrom	42, 43
Great Basin	41
Great Sandy Desert	37
Green, Andy	57

H

Himba	16
Holz	7, 12, 19
Humboldt-Meeresstrom	60, 61

I

Indian Pacific Line	36, 37
Indien	45
Inka	58

J

Jurten	44, 45
Jodhpur	45

K

Kamele	15, 19, 22, 23, 26–29, 43–45, 48
Kamelmarkt	44, 45
Kamelrennen	43
Kakteen	23, 40, 50
Kanincheneule	33
Karawanen	17, 19, 20, 26, 28, 51
Kleinschmidt, Jutta	47
Klimakatastrophe	13
Kieswüste	20, 30
Kinder	15–17
Köcherbaum	52
Korallenschlange	34
Kragentrappe	33
Küstenwüsten	58–61

L

Lake Eyre	56, 57
Las Vegas	23, 40
Libyen	21, 23, 51
Luftfeuchtigkeit	10, 12

M

Maharadschas	44, 45
Marokko	24
Masuaka, Hiroshi	46, 47
Mesquitebaum	53
Mojave-Wüste	40
Mongolei	16, 17, 45
Muslime	17

N

Nacht	7,
Namib	16, 61
Nazca	58
Nebeltrinker-Käfer	61
Niederschlag	10, 41
Niger	17, 19, 20, 51
Nomaden	7, 14–17, 19, 20, 37, 45
Nordamerika (siehe USA)	

O

Oase	19, 22–25, 32
Öl	42, 43
Opale	37

P

Palmen	25
Peru	58, 60
Pflanzen (siehe Wüstenpflanzen)	
Poorwill-Nachtschwalbe	32

R

Rallye Paris – Dakar	46, 47
Rajasthani	16, 44, 45
Regen	10, 57
Rennvogel	32
Real	12
Rodung (siehe Abholzen)	

S

Saguora-Kaktus	40
Sahara	6, 10, 11, 12, 16, 17, 18–21, 32–35, 45, 47, 48, 51, 52
Saharasteinschmätzer	32, 33
Sahelzone	16, 19
Salar de Uyuni	54
Salt Lake City	41
Salzseen	41, 54–57
Salzstraße	20
Salzwüste	57
Samen	48
Sanddünen (siehe Dünen)	
Sandfisch	35
Sandfuchs	35
Sandstürme	7, 9, 12, 13, 28
Sandwüste	6, 20, 45
Schlesser, Jean-Louis	46, 47
Seeschlacht von Lepanto	12
Skorpion	30
Sonnenenergie	10, 11
Sonora-Wüste	40, 51
Springmaus	35
Staub	11, 12, 20, 33
Staubstürme	12
Steine, wandernde	38, 39
Steinlerche	33
Steinwüsten	6, 20, 31
Steppen	44, 45
Sternwarte	60
Sturts Stony Desert	36

T

Tal des Todes (siehe Death Valley)	
Tassili du Hoggar (Tassili Gebirge)	20, 52
Tarnung	33
Temperaturen	11, 20, 40
Ténéré	20, 28, 51
Thar	16, 45
Thermosprengung	8
Tiere (siehe Wüstentiere)	
Trockenflusstäler	9, 16
Trockennebel	11, 12
Tschad	18, 20
Tuareg	7, 15–17, 19–21, 26, 28

U

USA	6, 20, 32, 34, 38–41, 57, 60

V

Vereinigte Arabische Emirate	43

W

Wadi	9, 20
Wald	12, 13, 50
Walzenspinne	34
Wave	41
Weltrekorde	55, 57
Welwitschie	61
Wetter	8–13
Weihrauchstraße	28
White Sands	41
Wolken	10, 40
Wollemi Pine	37
Wurzeln	6, 49, 50, 53
Wüstendünen (siehe Dünen)	
Wüstenfisch	34
Wüstenfuchs (siehe Fennek)	
Wüstenklima	10, 52
Wüstenpflanzen	48–53
Wüstentiere	30–35

Z

Zypressen	52

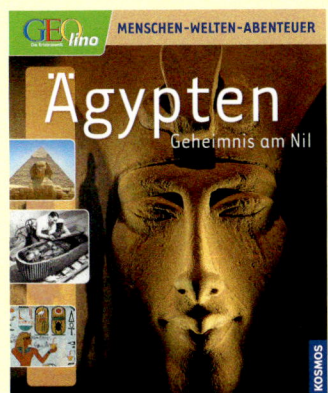

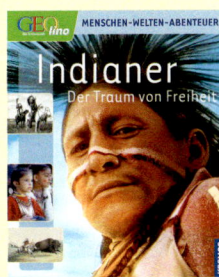

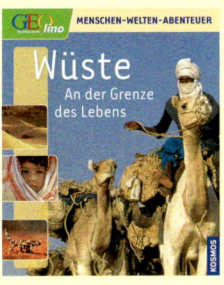

↓ Zum Autor

Michael Kohlhammer arbeitete lange als Programmleiter für Kinderbücher und -spiele in verschiedenen deutschen Verlagen. Heute lebt er als freier Autor und Übersetzer in Frankreich und Irland. »Wüste« ist nach »Indianer« der zweite von ihm geschriebene Band in der Geolino-Reihe bei Kosmos.

↓ Zum Fotografen

Michael Martin hat sich als Fotograf und Autor auf Wüsten spezialisiert. Über 100 Reisen führten den Diplom-Geographen in alle Wüsten der Erde. Er hat über 20 Bücher veröffentlicht, darunter das Standardwerk »Die Wüsten der Erde«, das weltweit in sechs Sprachen erschienen ist. Michael Martin hat sich auch als Vortragsredner einen Namen gemacht. Termine seiner Vorträge und Infos über seine Arbeit unter www.michael-martin.de.

Bildnachweis

Abkürzungen:
o = oben; u = unten; m = Mitte; l = links; r = rechts; Die Ziffern beziehen sich auf die Buchseiten.

Mit Fotos von:

Umschlag: Michael Martin

absoluttk/Fotolia.com: 13 r.; Alain Dragesco: 32 m., 34 m., 34-35, 35 l., 35 r.o. ; Andreas Hartl/Okapia: 34 r.; Anja Liefting/ Fotolia.com: 36 l. 2. v. o.; Attila Kisbenedek/AFP/Getty Images: 46 m. u.; Chris Rennie/Getty Images: 58 l.; Cyril Ruoso/Bios/ Okapia: 32 r.; Damien Meyer/AFP/Getty Images: 46 l. u.; Deepillusion/Dreamstime.com: 41 l. 2. v. o.; Eric Isselée/Fotolia.com: 3; Gavriel Jecan/SAVE/Okapia: 36-37; Gerhard Göttler: 4 l. 2. v. o., 8-9, 9 u.,13 l.,19 u. l., 21 l. o., 21 r. o; Getty Images: 5 r. 2. v. u., 56 o.; Hartmut Zech: 23 u.; Herbert Schwarz: 46 o., 46 l. 2. v. o.; Hulton Archive/Getty Images: 56 u.; Irina Fischer/Fotolia. com: 29 l. o. ; J. Plaza RBG Sydney: 37 o.; John Billingslea jr./iStockphoto: 52-53; Johnbell/Dreamstime.com: 40 Einklinker u.; Keystone/Hulton Archive/Getty Images: 56 m.; Krause/Schütt (Physische Geographie, FU Berlin): 51 r.; Martin Bureau/AFP/ Getty Images: 47; mediamo/Fotolia.com: 29 l. u.; mediapartis/Fotolia.com: 4 r. o., 29 r. o.; Michael Martin: 4 l. o., 4 l. 3. v. o., 4 l. 2. v. u., 5 o. m., 5 o. r., 5 r. 2. v. o., 5 r. u., 5 u. 2. v. l,,, 5 u. 2. v. r., 6 r., 7 l. o., 7 l. m., 7 l. u., 7 r. u., 9 o. ,10 o., 10-11, 12-13, 14-15, 15 l., 15 r., 16 l. o., 16 l. u., 16 r. o., 16 r. u., 16-17, 17 o.,17 m., 17 u., 18 u., 20 l. 2. v. o., 20 l. 2. v. u., 20 l. 3. v. o., 21 u., 22-23, 24 o., 24 m., 24 u., 25 l., 28 u., 28-29, 36 l. o., 36 l. 2. v. u., 36 l. u., 36 r., 37 2. v. o., 37 3. v. o, 37 2. v. u., 38-39, 40 o., 40 u., 41 l. o., 41 r. o., 41 r. 2. v. o., 41 u., 42 l. o., 42 l. 2.v.o.; 42 l. 2. v. u., 42 l. u., 42 r., 43 u. r., 44-45, 45 o., 45 u., 46 r. u., 48-49, 50 l., 50-51, 51 o., 54 l., 54-55, 56, 58-59, 60, 60 2. v. o., 60 2. v. u., 60 u., 61, 61 o., 61 2. v. u., 61 u.; Michael Reischel: 52 r. u.; oufikbobo/Fotolia.com: 25 o.; Mick Morley/photocase.com: 64 o.; Paulus Rusyanto/Fotolia.com: 22; photocase.com: 4 r. u., 26 l., 30-31; Rusty Dodson/Fotolia.com: 34 l.; S.Belz/photocase.com: 26 r.; Sabine Ch. Weber/fotocommunity: 61 2. v. u.; Sean Nel/Dreamstime.com: 43 u. l.; Siegfried Fischer: 4 l. u., 7 r. o., 18-19, 19 u., 19 u. l., 20 l. o., 20 m. u., 20 o. r., 26-27, 28 o., 31, 48 l., 52 o. m.; Skynesher/Dreamstime.com: 54 r.; Sohns/Okapia: 33 m.; Sophie Perrotin/Fotolia.com: 51 m.; Stefan Kuchen-bauer/photocase.com: 4-5; StockXpert/Bosenok: 23 o.; Tinichan/Fotolia.com: 37 u.; Verena Schatanek und Houcine Elkharassi: 4 r. 2. v. u., 6 l., 25 r. u., 30, 32-33, 33 l., 35 m. o., 35 m. u., 35 r. u., 48 r., 52 l. u., 52 l. o.; Wikipedia: 5 o. l., 52 o. r., 58 r.; Wiki-pedia/Cédric Foellmi: 60 o.; Wikipedia/Fritz Geller-Grimm: 12; Wikipedia/James Phelps: 40 Einklinker r. o.; Wiki-pedia/Nasa: 5 u. l., 43 2. v. o.; William S. Clark/Flpa/Okapia: 32 l.; Xavier Eichaker/Bios/Okapia: 33 r.

Impressum

Unser gesamtes lieferbares Programm und viele weitere Informationen zu unseren Büchern, Spielen, Experimentierkästen, DVDs, Autoren und Aktivitäten finden Sie unter **www.kosmos.de**

Gedruckt auf chlorfrei gebleichtem Papier

© 2008, Franckh-Kosmos Verlags-GmbH & Co. KG, Stuttgart
© GEOlino im Verlag Gruner + Jahr AG & Co. KG, Hamburg
www.geolino.de
Alle Rechte vorbehalten
ISBN 978-3-440-11237-3
Redaktion: Ina Lutterbüse
Bildredaktion: Eva Mokhlis
Fachberatung: Siegfried Fischer
Gestaltungskonzept: Atelier Bea Klenk
Gestaltung und Satz: Bea Klenk, Sabina Riedinger
Produktion: Angela List
Printed in Germany / Imprimé en Allemagne